TERCEIROS ESCRITOS DE DIREITO PROCESSUAL: AGORA MESMO

LEONARDO OLIVEIRA SOARES

Mestre em Direito Processual pela PUC-MG.
Membro da Academia Brasileira de Direito Processual Civil.
Membro do Instituto dos Advogados de Minas Gerais.
Professor de Teoria Geral do Processo e Processo Civil na FADIPA- MG.
Procurador do Estado de Minas Gerais, atualmente na condição de
Advogado Regional do Estado em Ipatinga.

TERCEIROS ESCRITOS DE DIREITO PROCESSUAL: AGORA MESMO

(DE ACORDO COM O NOVO CÓDIGO DE PROCESSO CIVIL BRASILEIRO)

LEI 13.105, DE 16 DE MARÇO DE 2015

Del Rey
EDITORA

Belo Horizonte
2016

EDITORA DEL REY LTDA.
www.livrariadelrey.com.br

Editor: Arnaldo Oliveira

Editor Adjunto: Ricardo A. Malheiros Fiuza

Editora Assistente: Waneska Diniz

Coordenação Editorial: Wendell Campos Borges

Diagramação: Lucila Pangracio Azevedo

Revisão: Luciene Andrade de Souza

Capa: CYB Comunicação

Editora / MG
Rua dos Goitacazes, 71 – Sala 709-C – Centro
Belo Horizonte – MG – CEP 30190-050
Tel: (31) 3284-5845
editora@delreyonline.com.br

S676t Soares, Leonardo Oliveira

Terceiros escritos de Direito Processual: agora mesmo (de acordo com o novo Código de Processo Civil brasileiro) Lei 13.105, de 16 de março de 2015. / Leonardo Oliveira Soares. Belo Horizonte, 2016.

176 p.

ISBN: 978-85-384-0448-4

1. Brasil. [Código de processo civil (2015)]. 2. Processo civil, Brasil. I. Título.

CDU: 347.91/95

De nada vale a caminhada se não encontrarmos quem nos incentive a seguir adiante.
A você, Luciene – minha menina.

Sei que às vezes uso
Palavras repetidas
Mas quais são as palavras
Que nunca são ditas?
(*Quase sem querer*, Legião Urbana)

SUMÁRIO

CAPÍTULO III – UMA EXIGÊNCIA DE IGUALDADE NO NCPC

COISA JULGADA, COERÊNCIA JURISPRUDENCIAL E O NCPC: LIGEIRO APONTAMENTO

CAPÍTULO IV – NCPC, FLEXIBILIZAÇÃO PROCEDIMENTAL E UMA HIPÓTESE PARTICULAR (SERÁ?) DE CABIMENTO DO MANDADO DE SEGURANÇA

DISTINÇÃO ENTRE OS JUÍZOS DE ADMISSIBILIDADE E DE MÉRITO EM MANDADO DE SEGURANÇA CONTRA DECISÃO JUDICIAL NO ESTADO DEMOCRÁTICO DE DIREITO BRASILEIRO E O NCPC

CAPÍTULO V – REGIME GERAL RECURSAL DO NCPC

DUAS RESTRIÇÕES, NO FUTURO CPC, AO EXERCÍCIO DO DIREITO CONSTITUCIONAL AO RECURSO

PREFÁCIO

Leonardo já atingiu a estatura intelectual daqueles que, como Francesco Carnelutti, podem escrever o prefácio de suas próprias obras. Entretanto, parafraseando José Marcos Rodrigues Vieira, nosso escritor é profundo e proverbialmente modesto. E, assim, fui brindado com o honroso e desafiante convite para prefaciar a obra TERCEIROS ESCRITOS DE DIREITO PROCESSUAL: AGORA MESMO.

A leitura consubstancia dois momentos. No primeiro exsurge o deleite intelectual; textos que mesclam técnica e conhecimento. No segundo, invade-nos aquele espírito guerreiro, tenaz e transformador, que nos embala com a emoção do "agora mesmo". É isso: não precisamos esperar a *vacatio legis* nem mais interregno algum. O momento para sermos melhores, do que temos sido como pessoas que lidam com o Direito, é agora; "agora mesmo". Essa é a pérola comportamental extraída das palavras.

Nosso vocacionado processualista, no capítulo inaugural perscruta os sentidos e os alcances dos muitos princípios inseridos na nova lei processual. Não me perdoaria omitindo-me a respeito de seu comentário pontual sobre a ineficácia da imposição da "cultura obrigatória de composição 'amigável".

Santo Agostinho nos presenteou criando e estabelecendo as diferenças entre a Cidade de Deus e a Cidade do Homens: o poder do amor cotejado com o amor ao poder. No segundo capítulo, que disseca as emanações do desenho do módulo cognitivo padrão insculpido no novo CPC, Leonardo nos proporciona um singular cotejo entre o poder do Estado Democrático de Direito e o amor a essa criação do gênio político do homem.

O explicito voluntarismo da Comissão [do legislador], no sentido de implementar, quase que compulsoriamente, conciliações e mediações, pode implicar tangentes com potencial idôneo a macular a linha perimetral que circunscreve o idealizado Estado Democrático de Direito.

Descortina-se no terceiro capítulo uma incursão no terreno da segurança jurídica: o anelo da jurisprudência estável, íntegra e coerente. Abeberando-se em Canotilho, trazendo à baila Lenio Streck e ancorando-se na decisão recente do Pleno do STF, o professor Leonardo demarca os limites da relativização da coisa julgada.

Instigante apresenta-se o quarto capítulo, no qual se aborda até que ponto ainda seria eficaz o remédio constitucional [mandado de segurança] contra decisões judiciais, agora tuteladas com mais rigidez contra tentativas de reformas. Texto de confessada inspiração em José Carlos Barbosa Moreira, mas com matizes próprios, consubstancia em verdadeiro convite à reflexão: *Errare humanum est, perseverare autem diabolicum...*

Os efeitos que se contrapõem, quando se almeja, concomitantemente, respeitar o direito transnacional garantidor da recorribilidade e, concomitantemente, alcançar a celeridade processual, perfazem o objeto do quinto capítulo. Com precisão cirúrgica conclui nosso processualista que a adequada prestação da tutela jurisdicional, no Estado Democrático de Direito, não está assegurada como consequência da prestigiada uniformização decisória. Deve o processo servir primeiro ao homem e, depois, ao Estado.

Crítica, de sutileza ímpar, aos propósitos subliminares que subjazem os enunciados das leis, encontra-se no sexto capítulo. Com maestria, nosso autor divisa na Lei 12.153/09, que trata dos Juizados Especiais da Fazenda Pública, o desenho da uniformização das jurisprudências produzidas pelas turmas recursais, para concluir que o instituto da repercussão geral não goza da eficácia necessária para imprimir mais racionalidade ao funcionamento da justiça pátria. Conjunto de artifícios para responder nossos *imbróglios hermenêuticos;* armadilhas egressas dos desideratos dos mentores do novo CPC.

É a eficácia da repercussão geral, no tocante a promover a igualdade substancial por meio do processo, que é dialeticamente enfrentada no sétimo capítulo. Analisa-se o instituto processual retro sob a ótica de sua adequação ao princípio constitucional do devido processo legal. Interpretando sistematicamente os artigos 1.036 a 1039 do NCPC, nosso doutrinador assevera que, embora sejam benéficas, as alterações sobre o julgamento dos recursos extraordinário e especial repetitivos, carecem de melhor sistematização.

O ponto de partida do tema desenvolvido no oitavo capítulo é a guarida processual para que se suspenda a decisão liminar que responsabiliza pessoalmente o chefe do executivo pelo descumprimento de obrigação de fazer própria, relacionada com questões de saúde. Matéria circunscrita ao tema: "judicialização da saúde". É o processo utilizado, aparentemente, para inferir a proporcionalidade entre as lesões à saúde e à economia pública. Entretanto, com elegante raciocínio, demonstra o professor Leonardo que "ao atribuir-se, *in casu*, ao Chefe do Poder Executivo incumbência que exorbita sua respectiva competência, enseja-se, ao fim e ao cabo, subversão da ordem pública".

Não é diferente em perspicácia, o nono capítulo. Está enucleado em torno do sopesar entre o princípio da duração razoável do processo, a especialidade da lei, que busca a satisfação dos créditos públicos, e a incidência subsidiária do NCPC. Esposando o pronunciamento da 1ª Seção do STJ, no tocante à incidência do art. 739-A e respectivos parágrafos do CPC, cujo correspondente encontra-se no artigo 919 do NCPC – o mestre Leonardo enfatiza a norma em tela como apta a privilegiar a "efetividade do processo de execução de títulos extrajudiciais", ressaltando que o direito constitucional à duração razoável do processo açambarca a cognição e a satisfação do direito; tanto para o particular quanto à Fazenda Pública.

Depois de tão proveitosas leituras, espraia-se o décimo capítulo no exame do instituto jurídico da prescrição. Análise circunscrita às pretensões indenizatórias em face da Fazenda Pública. A tese esposada pelo nosso doutrinador é no sentido de que deve imperar *a regência isonômica de prazo prescricional, considerada a interpretação do sistema normativo em vigor no Brasil.* Conclui afirmando inexistir justificativa racional para que a lei fixe prazos diferentes quando o pleito indenizatório tem como partes de um lado o particular e do outro a Fazenda Pública.

Uma pena! Chegamos ao último capítulo. Poderia haver muito mais. Trata-se de um apêndice, na linguagem do mestre. Quatro temas: o desenho legislativo do NCPC, no tocante ao estabelecimento de prazos distintos, contextualizado sob a ótica crítica do respeito à isonomia constitucional; discussão sobre a necessidade da nova lei processual, como ferramenta imprescindível (ou não) para corrigir as mazelas da morosidade; as regras do jogo político, a respeito da implantação da infraestrutura necessária à operacionalização da nova lei; as possibilidades efetivas descortinadas ao manuseio do mandado de segurança à luz dos princípios constitucionais. Um convite à reflexão é o afirmar no sentido de que "o cabimento do mandado de segurança independe do agente público a quem se impute o ato e da gravidade, em abstrato, da conduta combatida".

Impende, antes de terminar minha tarefa, mencionar o texto do Apêndice que está sob a rubrica "Novo código de Processo Civil para o Brasil: E daí". Letras que mesclam afetividade e coerência, convidando-nos a apreciar novamente o título da obra, no que se refere ao significado da expressão "agora mesmo". Eclode nessa parte a conclamação à mudança comportamental dos operadores do Direito, amalgamada com a advertência no sentido de que: "estou certo: o NCPC servirá a propósitos éticos na exata medida em que para tanto os operadores do direito direcionem suas ações".

Não há dúvida de que a obra em prefácio contribuirá de forma significativa para motivar as pessoas, envolvidas com a exteriorização deste fenômeno cultural que é o Direito. Um incentivo e, ao mesmo tempo, um convite à mudança no aspecto comportamental; principalmente o ético. Um corajoso desafio desincumbido com maestria pelo nosso vocacionado processualista. Em espírito, vislumbro no livro uma comunhão de posturas entre nosso escritor e o professor GIUSEPPE TARZIA, de *Milano*. Este, que, refletindo sobre a função social do processo, ponderou, *Lázione rispondi "al bisogno effettivo e attuale di rimuovere il timore di um danno giuridico", ma non solo questo timore ne è condizione, bensì anche "la possibilità del danno" e la "possibilitá del diritto".*

Boa leitura!

Professor Jorge Ferreira da Silva Filho

NOTA DO AUTOR

Ainda que de modo indireto, o título remete à letra de conhecida canção do poeta Renato Russo, intitulada "*Quando o sol bater na janela do teu quarto.*"

A referência se deve ao fato do muito que se vem de dizer ao propósito de possível reviravolta no sistema de distribuição de justiça brasileiro, diante da iminente entrada em vigor da Lei 13.105/15, por meio da qual se criou o "novo" Código de Processo Civil brasileiro.

Como se a crise ética, oriunda, também, de uma cada vez mais contundente perspectiva - individualista e intolerante - de vida, pudesse ser debelada, na esfera do Poder Judiciário, a partir de nova sistemática normativa processual.

Feita a ressalva, com a qual, vá!, pode-se ou não concordar, encerra-se, já, a apresentação, com o recorte de passagem extraída de um dos escritos redigido ao tempo da discussão do Projeto de novo CPC no Congresso Nacional. Ei-la:

> A mudança necessária, urgente e imprescindível é de ordem ética antes que normativa. Alteração que, a rigor, não se limita à esfera pública. Muito menos à órbita jurisdicional.
>
> Dessa maneira, já será ótimo começo inserir tal diretiva no plano de nossas relações cotidianas, pouco importando, para isso, encontrar-se o sujeito do agir na condição de operador do direito. Ou, tomando de empréstimo as palavras do poeta "por que esperar, se podemos começar tudo de novo? Agora mesmo.

Mãos à obra, pois, caro leitor.

Ipatinga, 26 de dezembro de 2015

O autor

Capítulo I

NORMAS FUNDAMENTAIS DO NCPC: UM CAMINHAR EM DIREÇÃO AO *GIUSTO PROCESSO CIVILE?*

O NOVO CÓDIGO DE PROCESSO CIVIL BRASILEIRO: UM CÓDIGO DE PRINCÍPIOS[1]

De boas intenções o inferno está cheio.

1. INTRODUÇÃO

Após mais de cinco anos de tramitação no Congresso Nacional, foi sancionada e publicada no Diário Oficial da União de 17 de março de 2015, a Lei 13.105, por intermédio da qual foi criado o NCPC.

Em virtude do significativo alcance da mudança, previu o legislador, no art. 1.045, o prazo de um ano de *vacatio legis.*

Assim, o futuro CPC entrará em vigor em 18 de março de 2016.[2]

---

1 Texto revisto da palestra ministrada no II Encontro Jovens Advogados do Vale do Aço, que ocorreu entre os dias 21 e 22 de maio de 2015, no Auditório da FIEMG, em Ipatinga, Minas Gerais. Uma vez mais, deixa-se registrado o sincero agradecimento pelo honroso convite à Ordem dos Advogados do Brasil e à Comissão da OAB jovem, subseções de Ipatinga, nas pessoas do Dr. Eduardo Rocha Figueiredo e da Dra Mariana Duda de Oliveira, então seus respectivos presidentes. Acresceram-se notas.

2 Considerado que a publicação da Lei 13.105 ocorreu em 17 de março de 2015 e o disposto no art. 8.º, § 1.º, da Lei complementar 95, de 26 de fevereiro de 1998, acrescentado pela Lei complementar 107, de 26 de abril de 2011, segundo o qual: "A contagem do prazo para entrada em vigor das leis que estabeleçam período de vacância far-se-á com a inclusão da data da publicação e do último dia do prazo, entrando em vigor no dia subsequente à sua consumação integral". Para chegar-se a essa conclusão, consideraram-se o prazo de 12 meses e a data de publicação da Lei 13.105, no caso, 17 de março de 2015. Vale frisar, o

É hora, portanto, para tecer algumas considerações sobre o novo conjunto de regras processuais civis brasileiras.

Justifico a escolha da abordagem eminentemente jurídica da exposição, com uma razão muito simples, qual seja, da mesma maneira que o ilegítimo funcionamento do Congresso Nacional pátrio não nos leva, ao menos necessariamente, à conclusão de que se deve fechar o Congresso e abandonar o sistema democrático representativo, creio que o insatisfatório funcionamento atual da justiça brasileira não seja motivo para considerar o instituto devido processo legal como algo nocivo, prejudicial ao reconhecimento de direitos no Estado Democrático de Direito brasileiro.

Antes de propriamente tratar do tema central da exposição, farei breve contextualização histórica.

O CPC de 1973 foi elaborado para realidade institucional diversa, na qual a maior parte dos conflitos envolvia demandas individuais, de ordem patrimonial, a envolver, linhas gerais, as figuras de credor e devedor.

Além disso, o número de demandas àquela época sob apreciação do Poder Judiciário era infinitamente inferior ao quadro atual.

Esse panorama, entretanto, foi sensivelmente modificado com a promulgação da CF/1988.

De fato, pois a acertada constitucionalização de inúmeros novos direitos, aliada a inércia, a ineficácia mesma do Estado brasileiro em assegurar o cumprimento dos direitos fundamentais, originou uma explosão de demandas de toda sorte. Para ficar com um exemplo mais recente, basta pensar no fenômeno da chamada "judicialização da saúde".

Aliado a isso, e diante da complexidade das relações jurídicas oriundas de novos ramos do direito, por exemplo, o direito consumerista, surgiram e continuam a surgir demandas de massa ou, se preferir, repetitivas para as quais o Código de 1973 não oferece soluções satisfatórias.

---

período de *vacatio legis*, **demarcado em Lei**, não foi computado em dias. Dessa maneira, e salvo melhor juízo, a entrada em vigor ocorrerá no primeiro dia útil subsequente, a saber, 18 de março de 2016.

A rigor, nem mesmo faria sentido que o CPC então elaborado se ocupasse desses temas, já que, insista-se, regulava o funcionamento da justiça voltada para solucionar conflitos de natureza prioritariamente individual e de cunho patrimonialista.

Essa mudança de cenário, somada a deficiências de ordem de pessoal e de gerenciamento de demandas, levou o Poder Judiciário brasileiro, já na década de 90 do século passado, a experimentar uma série de dificuldades no desempenho de sua missão constitucional.

Para tentar debelar a crise, foram implementadas diversas reformas pontuais na legislação processual brasileira

Como não era difícil prever, tais reformas acabaram por desconfigurar a estrutura sistêmica primitiva do CPC, ainda hoje em vigor.

Não bastassem esses argumentos, capazes por si só de justificar a elaboração de um novo Código, havia, também, a necessidade de redigir-se um CPC que se apresentasse compatível com o modelo constitucional de processo previsto na Constituição brasileira de 1988.

Um Código, enfim, que estivesse de acordo com a denominada Carta Cidadã, apto, portanto, a oferecer tutela adequada às novas espécies de direitos fundamentais.

Independentemente das muitas críticas que o NCPC comporta, como, de resto, toda e qualquer criação humana, é fato que estamos, nós, operadores do direito, na iminência de vivenciar a experiência de atuar, pela primeira vez no Brasil, segundo regras do jogo democraticamente elaboradas.

Feita essa brevíssima contextualização, lancemos um olhar sobre o sistema criado, pois uma das justificadas para a elaboração de um novo CPC consistia precisamente em disponibilizar uma melhor organização do conjunto de regras disciplinadoras do exercício da jurisdição.

Pois bem. Diferentemente do Código atual, composto de 5 livros, o NCPC foi assim estruturado: Parte geral (dividida em 6 livros), Parte Especial (composta de 3 livros), Livro complementar (que cuida das disposições finais e transitórias)

Sob a óptica sistêmica, e já me debruçando propriamente sobre o tema de minha abordagem, merece registro a inserção, no Livro I, da parte geral do NCPC, de um título dedicado às normas fundamentais da jurisdição cível pátria.

Ou seja, o NCPC dedicou o capítulo inicial do livro I a uma parte geral aplicável à jurisdição cível como um todo, mas sem caráter de exclusividade, conforme se verá mais adiante na exposição.

O capítulo, que vai dos artigos 1.º ao 12º, recebeu a denominação "Das normas fundamentais sobre o processo civil".

Sobre esse capítulo e algumas de suas implicações nos demais livros do NCPC, é que tecerei, doravante, minhas primeiras impressões.

Destaco, em primeiro lugar, que o legislador não só previu normas, princípios fundamentais, mas princípios fundamentais de estatura constitucional.

Assim, consolidou-se, no plano legislativo, a chamada constitucionalização do processo, já consagrada no campo doutrinário.

Fenômeno, por óbvio, que não se restringe ao direito processual, eis que todos os ramos do direito devem ser compreendidos à luz da Constituição Democrática brasileira.

De toda maneira, estamos diante de expresso reconhecimento, por parte do legislador infraconstitucional, que sua atividade, como, de resto, a do Judiciário, submete-se, deve submeter-se, saliento, aos ditames do Texto Constitucional pátrio.

Antes de abordar alguns destes princípios fundamentais, uma observação de ordem conceitual merece ser feita.

Assim, para fins da presente exposição, os princípios serão considerados como diretrizes normativas voltadas à realização de determinado fim.

Então, as normas fundamentais, quero dizer, os princípios processuais fundamentais sobre os quais irei discorrer correspondem a diretrizes normativas gerais. Diretrizes normativas gerais, ressalto, por intermédio das quais o Estado Democrático de Direito brasileiro deverá prestar jurisdição, quer se trate de processo de conhecimento, quer se trate de processo ou fase executiva.

Vejamos, então, alguns dos princípios fundamentais contemplados no NCPC.

2. DESENVOLVIMENTO

2.1. *Princípio da inafastabilidade*

O primeiro princípio de que falarei é o da inafastabilidade, previsto no art. 3.º do NCPC.

Dito princípio assegura que a lei não excluirá da apreciação do Poder Judiciário a alegação de lesão ou ameaça a direito.

A promessa de acesso à justiça no NCPC veio, contudo, disposta sob a forma do que a doutrina denomina de sistema multiportas.

Ou seja, além da garantia de que os conflitos poderão ser submetidos ao exame e decisão pelo juiz, coloca-se à disposição das partes formas ditas alternativas de solução de conflitos, tais como a arbitragem, a conciliação e a mediação.[3]

O que se tem de novo, no particular, é a tentativa de profissionalizar tais formas alternativas, notadamente a conciliação e a mediação.

Para tanto, previu-se, no art. 165 do NCPC, que os Tribunais poderão criar Centros de conciliação e mediação.

A profissionalização, no caso, será alcançada a partir da exigência de que os conciliadores e mediadores deverão preencher parâmetros curriculares mínimos estabelecidos pelo Conselho Nacional de Justiça em conjunto com o Ministério da Justiça.

Há, inclusive, no art. 174 do NCPC, a previsão de instalação de centros de conciliação e mediação para o Poder Público.

Gostaria apenas de chamar a atenção para um ponto: É verdade que a autocomposição se constitui em uma adequada forma de resolução de conflitos. De outro lado, a previsão destes Centros não pode, em termos práticos, instituir uma espécie de cultura obrigatória de composição "amigável" de conflitos, como forma de diminuir o número de processos e a sobrecarga de trabalho, hoje inegavelmente experimentada pelo Poder Judiciário nacional.

---

3 Em 29 de junho de 2015, foi publicada a Lei 13.140, que disciplina o procedimento da mediação.

De fato, pois, nesse caso, teremos manifesta violação à autodeterminação das partes e à promessa de acesso à justiça, prevista no art. 5.º, XXXV, da CF/1988.

Sem contar que a expressão "composição amigável obrigatória" se constitui, ao fim e ao cabo, numa explícita e, por que não dizer, absurda contradição de termos.

2.2. *Princípio da primazia do julgamento de mérito*

Em seguida, no art. 4.º do NCPC, temos o princípio da primazia do julgamento de mérito.

Esse princípio pode ser sintetizado na conhecida assertiva, segundo a qual: o processo não é um fim em si mesmo. Por outras palavras, o processo existe para propiciar uma resposta para a demanda levada à análise do Poder Judiciário.

Para viabilizar o exame de mérito, o NCPC conferiu ao juiz, no art. 139, IX, poderes para determinar o suprimento dos pressupostos processuais e o saneamento dos vícios processuais.

Não bastasse essa determinação de ordem geral, portanto, aplicável em todos os graus de jurisdição e espécies de módulos, o NCPC, no art. 932, parágrafo único, especifica que o relator, ao exercer o juízo de admissibilidade recursal, deverá conceder à parte recorrente o prazo de 5 dias para sanar irregularidade ou juntar documento.

O que nos leva a concluir que, acertadamente, foi priorizado o julgamento de mérito, tanto no primeiro grau de jurisdição quanto no plano recursal.

Ainda no art. 4.º do NCPC, encontramos a previsão de que a solução integral do conflito deverá ocorrer dentro de um prazo razoável.

Bem, o princípio da duração razoável está consagrado, na Europa, desde a Convenção para a Proteção dos Direitos do Homem e das Liberdades Fundamentais de 1950, sendo previsto, também, na Convenção Americana de Direitos Humanos de 1969, da qual o Brasil é signatário, e na Carta Africana dos Direitos Humanos e dos Povos de 1981.

Ou seja, há uma espécie de consenso mundial, e nem poderia ser diferente, quanto à necessidade de o serviço público de justiça produzir resultados úteis.

Para alcançar tal intento, o NCPC prevê uma série de mecanismos.

A título de exemplo, no art. 191, institui técnica de gerenciamento do tempo, denominada calendário processual.

Oriunda do direito francês, por meio dessa técnica será possível às partes e ao juiz, de comum acordo, ajustarem prazos para a prática de atos processuais, inclusive realização de audiências, atendendo às peculiaridades do caso concreto, no propósito de obter-se um desfecho mais célere para a demanda.

Além disso, nos artigos 303 e 304, disciplina o NCPC a chamada estabilização da tutela antecipada de urgência.[4]

Dita técnica visa a abreviar o procedimento.

Para que haja a estabilização, bastará que o réu não interponha recurso, no caso, o agravo de instrumento, da decisão liminar.

Embora o texto legal mencione apenas a ausência de recurso, o oferecimento de contestação irá configurar inequívoco ato de resistência a impedir, de igual modo, a estabilização da medida.

Ou seja, não sendo impugnada a decisão antecipatória, nem oferecida oposição à pretensão deduzida pelo autor, o juiz irá extinguir o processo por meio de sentença.

No prazo de 2 anos, qualquer das partes poderá instaurar uma nova demanda para reformar, invalidar ou modificar a decisão.

2.3. Princípios da boa fé e da cooperação

Nos artigos 5.º e 6.º do NCPC, estão previstos os princípios da boa fé e da cooperação.

Estes princípios guardam intimação relação com a noção de comunidade de trabalho desenvolvida (também) no direito processual alemão. Ou seja, trazem consigo a ideia de que autor, juiz e réu têm uma espécie de interesse comum (será mesmo?) no desfecho da atividade jurisdicional.

A meu ver, o princípio da boa fé impõe aos sujeitos da relação processual, a todos eles, é bom que se diga, o dever de agir de forma objetivamente ética no processo.

---

[4] Sobre o tema, vide *RePro* 250/125-126.

Afinal, se mesmo nos contratos e demais negócios jurídicos, em que prepondera o interesse primário de credor e devedor, impõe-se a observância da boa fé objetiva, por maior força de razão, no âmbito do devido processo legal, o agir conforme os ditames da boa fé também deve ser a tônica.

Do contrário, a jurisdição, serviço público por excelência, poderá ser direcionada para atender interesses particulares, nem sempre legítimos, vale sublinhar.

No plano do princípio da cooperação, e dando ênfase ao papel do órgão jurisdicional,[5] ressalto que há uma espécie de consenso doutrinário de que o juiz tem, basicamente, os deveres:

a) De esclarecimento, notadamente quanto às postulações das partes, o que, numa grosseira comparação, corresponderá a uma espécie de embargos declaratórios às avessas de que o juiz deverá lançar mão para bem compreender e analisar os pleitos de autor e réu.
b) De consulta, que veda manifestações *ex officio* quanto à matéria fática ou jurídica.
c) De prevenção, a partir do qual cabe ao órgão jurisdicional alertar a parte para a existência de obstáculos formais que possam prejudicar ou mesmo inviabilizar o exame de mérito.

Um exemplo do princípio da cooperação no NCPC envolve a hipótese de emenda da petição inicial.

Isso porque, conforme o art. 321 do NCPC, ao verificar que a inicial não contempla determinada exigência legal, deverá o juiz não só intimar o autor para emendar a inicial, mas indicar, com precisão, o que deve ser corrigido.

Apenas na hipótese de o requisito previamente apontado não ser preenchido, poderá o juiz, enfim, indeferir a inicial.

2.4. Princípio do contraditório dinâmico

Dando sequência à exposição, temos o princípio do contraditório dinâmico.

---

[5] Ou seja, não se sustenta que deva haver uma necessária colaboração entre as partes do processo, haja vista a amplitude do constitucional direito de ampla defesa no Estado Democrático de Direito brasileiro.

Esse princípio engloba o direito de as partes influenciarem a decisão, além da proibição de o juiz proferir decisões surpresa no processo.

Como os artigos 7.º, 9.º e 10 do NCPC cuidam da garantia do contraditório, farei uma rápida análise conjunta de tais dispositivos.

Isso para destacar, uma vez mais,[6] que a inserção desses dispositivos no texto legal poderá representar a grande contribuição do NCPC para a democratização do processo jurisdicional brasileiro.

E de que forma tal contribuição irá se materializar? Explico. Ao romper com a noção tradicional de vínculo de subordinação, no qual as partes estariam sujeitas ao poder do juiz, propicia-se, num ambiente de igualdade, que os argumentos de fato e de direito apresentados por autor e réu sejam considerados, tornando, nessa perspectiva, as partes como coautores da decisão judicial.

2.5. *Princípio da transparência ou da impessoalidade processual*

Prosseguindo na exposição, temos a norma contida no art. 12 do NCPC.[7]

Segundo esse dispositivo, os processos aptos para julgamento deverão observar uma ordem cronológica de conclusão, sendo que a lista contendo essa ordem deverá ficar à disposição das partes, seja na secretaria do juízo, seja na rede mundial de computadores.

Destaco que tal ordem de julgamento não é inflexível, comportando exceções, por exemplo, em se tratando de requerimento de medidas urgentes.

Numa primeira leitura, o artigo poderia ser visto como uma espécie de desconfiança do legislador em relação aos juízes.

Prefiro, contudo, analisar o dispositivo tão só pela óptica da transparência, numa tentativa de se organizar o exercício da função

---

6 A respeito, vide SOARES, Leonardo Oliveira. *RePro* 250/127-129.

7 O PLC 168/2015, aprovado em dezembro último no Senado Federal e enviado à sanção presidencial, estabelece que a ordem de julgamento será "preferencialmente" a estabelecida no artigo em tela. Ou seja, em termos práticos, de pouca ou nenhuma utilidade se apresentará o dispositivo alterado, haja vista a maleabilidade do respectivo comando. Dito PLC foi sancionado sob a forma da Lei 13.256, publicada em 05 de fevereiro de 2016, no Diário Oficial da União.

jurisdicional, a partir de um dado objetivo, qual seja, a data em que os autos em condições de julgamento foram "enviados", ainda que virtualmente, ao juiz.

Para conferir autonomia à diretriz contida no art. 12, diferenciando-a dos princípios da isonomia e da publicidade dos julgamentos, assegurados nos artigos 7.º e 11 do NCPC, chamarei esse comando normativo geral de princípio da transparência ou da impessoalidade processual.

Ainda dois últimos princípios, de índole infraconstitucional, é verdade, merecem ser analisados.

2.6. Princípio da aplicação imediata

Tal princípio encontra-se disposto no art. 14 do NCPC.

Segundo esse comando normativo, os processos em curso no Brasil, aproximadamente 100 milhões nos dias de hoje,[8] deverão seguir as disposições do futuro CPC, desde que se observe a teoria do isolamento dos atos processuais

Assim, linhas gerais, os atos processuais praticados até 17 de março de 2016 permanecerão válidos, devendo, daí em diante, ser observados os ditames do NCPC.[9]

Acredito que, num primeiro momento, haverá, ou melhor, poderá haver significativa perturbação no funcionamento da justiça.

Entre outros fatores, em virtude do desconhecimento mesmo das novas regras processuais, ou, ainda, pela equivocada interpretação, maliciosa ou não, do alcance da teoria do isolamento dos atos processuais.

2.7. Princípio da subsidiariedade mitigada.

Finalmente, prevê o artigo 15 do NCPC a incidência supletiva e subsidiaria de suas regras, na ausência de normas que regulem processos eleitorais, militares e administrativos,

---

[8] Consoante dados divulgados pelo CNJ no último relatório "Justiça em números".

[9] Conforme art. 1.211 do CPC brasileiro em vigor, caso a faculdade em concreto para a prática do ato no processo tenha como termo inicial data anterior a 18 de março de 2016, haverá de ser observada a lei processual vigente, no caso, e até segunda ordem, o CPC de 1973. Ainda que o ato, efetivamente, venha a ser praticado após o dia 18 de março de 2016.

Gostaria, aqui, de chamar a atenção para um ponto particular, a saber, o NCPC poderá se oferecer como possível fonte normativa para a democratização da Administração Pública brasileira.

Isso porque, ao menos numa primeira leitura, tanto o princípio do contraditório dinâmico quanto o princípio da fundamentação analítica, abordados faz pouco, deverão ser observados nos procedimentos instaurados na órbita executiva.

Assim, os argumentos, seja do servidor público, seja do administrado, deverão ser levados em conta no momento decisório, não podendo o Administrador Público proferir decisões surpresa que venham imputar responsabilização ao servidor, ou mesmo negar direitos ao administrado/cidadão.

Em suma, a mesma oxigenação, por assim dizer, que se espera venha a ocorrer no plano da jurisdição, poderá ser experimentada na esfera da Administração pública, o que, a meu ver, poderá contribuir, oxalá, para o fortalecimento institucional do regime democrático brasileiro.

3. A TÍTULO DE CONCLUSÃO

Dito isso, finalizo minha exposição justificando a escolha do título: "O novo Código de Processo Civil brasileiro: um Código de princípios."

Bem, já houve época em que era comum ser utilizada a expressão "ali vai um homem de princípios" quando se pretendia enaltecer o caráter de uma pessoa, ressaltando os propósitos de suas ações.

Nesse sentido, poder-se-ia supor que estou a depositar todas as fichas no NCPC.

Realmente, pois, ao dedicar uma parte geral a princípios prioritariamente constitucionais, estaria o NCPC supostamente comprometido com um nobilíssimo propósito, qual seja, dar concretude ao justo processo civil, ao *giusto processo civile*, para empregar expressão bem ao gosto da mais moderna doutrina processual.

Digo-lhes, então, senhoras e senhores, que a implementação de tais propósitos dependerá, em essência, da atuação prática de todos aqueles que estejam envolvidos na prestação da tutela jurisdicional.

Afinal, não dispõe o direito processual, como, de resto, o direito, em seu todo considerado, de vida própria.

Não é, portanto, nenhum absurdo concluir minha fala relembrando a sábia advertência popular, segundo a qual "de boas intenções o inferno está cheio."

Capítulo II

UM NOVO (MELHOR?) PROCEDIMENTO DE COGNIÇÃO

OBSERVAÇÕES PONTUAIS SOBRE O MÓDULO COGNITIVO PADRÃO NA LEI 13.105/2015[1]

> *Nós, processualistas, devemos agir da seguinte forma: ou abandonamos o terreno fácil e estéril da crítica aos "procedimentos" e enfrentamos os problemas reais, o despreparo de nossos juristas e a caducidade do nosso modelo de prestação dos serviços da justiça, ou nunca deixaremos de fazer roda em torno de nós mesmos, como dizem que o peru faz, por ser parco de cabeça e estofado de peito.* (José Joaquim Calmon de Passos, *Comentários ao Código de Processo Civil*. Rio de Janeiro: Forense, 1994).

> *Enfim, urge compreender-se de uma vez por todas que, no Estado Democrático de Direito, a justificação adotada no pronunciamento jurisdicional decisório tem de ser feita dentro de um conteúdo estrutural normativo que as normas processuais lhe impõem, em forma tal que o agente público dê motivação racional à decisão prolatada, sob a prevalência do ordenamento jurídico em vigor e indique a legitimidade das escolhas adotadas, em decorrência da obrigatória análise dos argumentos jurídicos desenvolvidos pelas partes, em contraditório, em torno das questões de fato e de direito sobre as quais estabeleceram discussão.* (Ronaldo Brêtas de Carvalho Dias, *Processo Constitucional e Estado Democrático de Direito*, Belo Horizonte: Del Rey, 2015).

---

1 Trabalho dedicado ao ilustre Prof. Dr. Ronaldo Brêtas de Carvalho Dias, de quem se teve a honra de ser e, adite-se, de permanecer aluno. Originalmente publicado na *Revista de Processo*. vol. 250, dez. 2015. Texto revisto, modificado e atualizado de notas.

1. INTRODUÇÃO

A comunidade jurídica brasileira se prepara para a entrada em vigor da Lei 13.105/2015, que disciplina o NCPC.

Aqui e ali, realizam-se congressos, seminários e encontros de toda sorte para debater o NCPC.

Por força do que dispõe o art. 1.045 de aludida Lei, a partir do dia 18 de março de 2016,[2] caso não haja nenhuma mudança inesperada de rota,[3]diverso conjunto de regras irá reger o exercício da jurisdição

---

2 Conforme o disposto no art. 8.º, § 1.º da Lei complementar 95, de 26 de fevereiro de 1998, acrescentado pela Lei complementar 107, de 26 de abril de 2011: "A contagem do prazo para entrada em vigor das leis que estabeleçam período de vacância far-se-á com a inclusão da data da publicação e do último dia do prazo, entrando em vigor no dia subseqüente à sua consumação integral." Para chegar-se a essa conclusão, foram considerados o prazo de 12 meses e a data de publicação da Lei 13.105, no caso, 17 de março de 2015. Ou seja, o período de *vacatio legis,* **demarcado em Lei**, não foi computado em dias. Desse modo, e salvo melhor juízo, a entrada em vigor ocorrerá no primeiro dia útil subsequente: 18 de março de 2016.

3 Notícia divulgada em veículo de circulação nacional deu conta de que Ministro do STF defendeu o adiamento, em até cinco anos, do início de vigência do NCPC. Eis o título da chamada: Gilmar Mendes quer adiar prazo do novo Código de Processo Civil. A justificativa para tanto: a supressão do duplo juízo de admissibilidade, hoje, a cargo, em primeiro lugar, dos Tribunais locais, em se tratando dos recursos dirigidos, no caso, ao STF. Pelo que se lê da matéria, a proposta não era consensual nem no próprio STF, já tendo, contudo, encontrado adeptos no âmbito do Congresso Nacional. Informação disponível em: <http://www1.folha.uol.com.br/poder/2015/06/1646465-gilmar-mendes-quer-adiar-prazo-do-novo-codigo-de-processo-civil.shtml>. Acesso em: 24.06.2015. Em julho de 2015, fora apresentado ao Senado Federal o PLS 414 visando a retornar o juízo de admissibilidade em foco para os Tribunais locais, deixando à disposição da parte que tenha seu recurso barrado na origem a possibilidade de interpor o denominado agravo de admissão. Além desse Projeto, tramitou no Senado Federal o PLC 168/2015, no qual, além do retorno do juízo de admissibilidade aos Tribunais locais, modificaram-se diversos dispositivos do NCPC. As propostas de mudança foram alvo de oportuna crítica de STRECK e NUNES. O Senado vai permitir a mutilação do novo CPC antes de entrar em vigor. Disponível em: <http://www.conjur.com.br/2015-dez-01/senado-permitira-mutilacao-cpc-antes-entrar-vigor>. Acesso em 01.12.2015. Em dezembro de 2015, aludido Projeto foi aprovado e enviado à sanção presidencial. Merece registro, por fim, o PLC 2.913, em trâmite na Câmara dos Deputados, por intermédio do qual se pretende

cível pátria. Sem prejuízo, em todo caso, de sua incidência supletiva e subsidiária nos processos eleitorais, trabalhistas ou administrativos, consoante art. 15 do NCPC.[4]

Referido diploma normativo estatui, em sua parte geral, novo módulo cognitivo padrão.

Poder-se-ia dizer – e não sem razão – que, no NCPC, encontram-se, *v.g.*, nos artigos 165 e seguintes, comandos voltados a estimular as soluções não "adjudicadas" de conflitos. Até mesmo em se tratando de litígios a envolver a Fazenda Pública, busca-se estimular respostas consensuais, conforme dicção de seu art. 174.[5]

Bem por isso, sob essa perspectiva, mais oportuno se afigura, no momento que antecede a vigência das "regras do jogo" enfim sancionadas, voltar os olhos para tais formas, notadamente a conciliação e a mediação.[6]

Afinal, a finalidade primeira do processo, do justo processo,[7] consiste em propiciar a tempestiva e adequada pacificação social (será

---

conferir nova redação ao art. 1.045 do NCPC e, com isso, ampliar o prazo de *vacatio legis* de aludido Código para três anos.

4 Estará, por isso, afastada tal incidência no processo penal?

5 Alternativa, aliás, para a qual, ainda que de passagem, já se acenara em trabalho anterior. SOARES, Leonardo Oliveira. Sucumbência recursal: estímulo à redução ou ao aumento de duração dos processos? *PRIMEIROS ESCRITOS DE DIREITO PROCESSUAL: faz escuro mas eu canto.* Belo Horizonte: Del Rey, 2013, p. 236.

6 O instituto da mediação judicial e extrajudicial acaba de receber disciplina normativa com a Lei 13.140, de 26 de junho de 2015. Dita Lei, destaca-se, prevê a possibilidade de aplicação da mediação para dirimir conflitos nos quais a Administração Pública figure como parte. Ainda no campo da chamada desjudicialização de litígios, vale ressaltar que, em 26 de maio de 2015, foi sancionada a Lei 13.129, por intermédio da qual se promoveram alterações na Lei 9.307/96, que regulava, até então, o procedimento da arbitragem no Brasil. Sucinta crítica aos vetos presidenciais que restringiram o alcance da "nova" Lei da arbitragem pode ser lida in CRUZ E TUCCI, José Rogério. Vetos inusitados conspiram contra o futuro promissor da arbitragem. Disponível em:<http://www.conjur.com.br/2015-jun-02/paradoxo-corte-vetos-inusitados-conspiram-futuro-promissor-arbitragem>. Acesso em: 02.06.2015.

7 Para compreensão da terminologia, olhos postos no futuro CPC, vide THEODORO JR., Humberto. A constitucionalização do processo no Estado Democrático de

mesmo?), cuja ineficácia, segundo o modelo tradicional de jurisdição, dispensa mais detida argumentação.

Como se o problema não residisse antes no plano da concretização do devido processo legal que na imprestabilidade teórica mesma de cogitado instituto jurídico.

Nem se diga, por outro lado, que a abertura oferecida pelo art. 190 do NCPC para a denominada flexibilização procedimental, ou melhor, para a realização de negócios processuais, acompanhada do sugestivo calendário processual disciplinado no art. 191 do NCPC, afasta o interesse pelo estudo do procedimento cognitivo comum.

Isso porque, para levar-se a cabo a flexibilização, como, de resto, para o exercício de quaisquer faculdades processuais, pressupõe-se o preenchimento de requisitos próprios, a começar, no particular, pela disponibilidade do direito material controvertido.

De mais a mais, se não se pode (*rectius:* não se deve), sob pena de incidir-se em expressa contradição de termos e manifesta violação à autodeterminação das partes, obrigá-las a transigir quanto ao objeto de fundo do processo, outro tanto poderá ser dito quanto à "compulsória" construção do procedimento.

Sim, por mais que se pretenda colocar em evidência a autonomia da vontade, não se afigura razoável defender uma quase que necessária construção participada de procedimento próprio.

Como se a "escolha" não pudesse, ao fim e ao cabo, consistir em atuar exatamente conforme o modelo padrão!

Seja como for, há procedimento geral cuja observância, em princípio, haverá de ser respeitada a fim de que o processo ou módulo cognitivo possa chegar a seu termo.

Por outras palavras, e vá a obviedade!, não se pode dizer que a entrada em vigor da Lei 13.105/2015, apoiada em uma (acertada?) filosofia consensual de resolução de conflitos, levará a que todos – ou a que a grande maioria dos processos – venham a encerrar-se, como

---

Direito brasileiro. *NOVO CPC: reflexões e perspectivas*. Belo Horizonte: Del Rey, 2014, p. 172-175.

num passe de mágica, mediante uma das técnicas de autocomposição *tout court* disponíveis.[8]

Há, pois, alguma utilidade em bem compreender o novo módulo cognitivo ordinário, quando nada, em seus aspectos mais gerais.

Daí a presente abordagem.

2. AUDIÊNCIA (OBRIGATÓRIA?) DE CONCILIAÇÃO OU DE MEDICAÇÃO

Uma das inovações que merece registro envolve a previsão de audiência inicial de conciliação ou de mediação (art. 334 do NCPC).

Dita audiência acena para um propósito muito claro, qual seja estimular a pacificação social (*rectius:* a resolução do conflito) a partir da atuação direta das partes.

Tanto isso é verdade que o ato deverá ocorrer, onde houver, em presença de conciliador ou mediador (art. 334, § 1.º, do NCPC).

A escolha de um ou outro auxiliar da justiça (art. 149 do NCPC) levará em conta o tipo de conflito submetido à apreciação do Poder Judiciário, consoante art. 165, §§ 2.º e 3.º, do NCPC.

Destaca-se que o NCPC apostou suas fichas na profissionalização de referidos auxiliares, segundo dispõe seu art. 167, § 1.º, o que, em tese, sinaliza para maior probabilidade de êxito de aludida audiência.

Sendo ainda oportuno gizar que a ausência injustificada ao ato, de qualquer das partes, é bom que se diga, dará ensejo à (legítima?) aplicação de multa por ato atentatório à dignidade da justiça (art. 334, § 8.º, do NCPC).

Nada obstante tal diretiva, não se logrará, de modo necessário, o desfecho do processo nesta fase primitiva.

Dispõe, então, o art. 335, I, do NCPC, que o prazo para apresentação de defesa irá fluir a partir da realização de tal audiência.

---

8 A respeito, confira-se FAGUNDES CUNHA, J.S. Da conciliação, da mediação e da arbitragem endoprocessual e o novo Código de Processo Civil. *Revista Jurídica Luso-Brasileira.* Ano 1, nº 2, 2015. Disponível em: <http://www.cidp.pt/publicacoes/revistas/rjlb/2015/2/2015_02_1095_1129.pdf>. Acesso em: 05.06.2015.

3. DO PRAZO E FORMAS DE DEFESA CABÍVEIS NO PROCEDIMENTO PADRÃO

Segundo o art. 335 do NCPC, o prazo para oferecimento de defesa será de 15 dias. A identidade de prazo em relação ao CPC vigente se faz, porém, acompanhar de particularidade, a saber, somente serão computados dias úteis, conforme artigos 335 e 219, parágrafo único, do NCPC.

Nessa seara, privilegiou-se a simplificação procedimental, eis que suprimidos os incidentes de exceção de incompetência e de impugnação do valor da causa. Com efeito, pois tais matérias passam a ser veiculadas no bojo da contestação conforme art. 337, II e III, do NCPC. Ademais, autoriza-se ao réu, em aludida peça de defesa, propor a reconvenção (art. 343, caput, do NCPC).

Uma vez oferecida a defesa, o juiz adotará as providências preliminares dispostas nos artigos 347 a 353, ou, não sendo necessárias, proferirá o julgamento conforme o estado do processo, nos termos dos artigos 354 a 356 do NCPC.

Aqui, estatui o NCPC que o juiz poderá – ou será melhor dizer deverá? – proferir decisão parcial de mérito, independentemente do requisito da urgência.

Para isso, bastará que se esteja diante de pedido, ou respectiva parcela em relação aos quais:

a) não exista controvérsia, ou
b) não haja necessidade de produção de outras provas, ou, ainda,
c) tenha ocorrido o efeito material da revelia[9] e não haja, no ponto, requerimento de prova (art. 356, I e II, do NCPC).

Não havendo o encerramento do processo, terá curso a fase probatória, já iniciada, é bem verdade, ao tempo em que proposta a ação e oferecida a defesa, consoantes artigos 319, VI e 336 do NCPC.

Antes da realização da audiência de instrução e julgamento, deve-se, contudo, proceder ao saneamento do processo (art. 357, I, do NCPC), inclusive sob a forma compartilhada (art. 357, § 3.º).

---

[9] A rigor, tenha ocorrido a presunção de veracidade do(s) fato (s) sobre o qual se apoia o pedido ou parcela deste.

Nessa oportunidade, além de demarcarem-se as questões de fato e de direito relevantes para o desfecho da demanda (art. 357, II e IV), será "definido" o ônus probatório (art. 357, III).

É oportuno, então, examinar como o tema foi disciplinado no NCPC.

4. DISTRIBUIÇÃO DO ÔNUS DA PROVA NO FUTURO CPC

Do mesmo modo que o CPC vigente, o NCPC prevê a distribuição estática do ônus da prova. Ou seja, cabe ao autor fazer prova dos fatos constitutivos de seu direito (art. 373, I), recaindo sobre o réu o ônus quanto à apresentação de fatos impeditivos, modificativos ou extintivos do direito do autor (art. 373, II).

Não se adotou, como apressada leitura poderia supor, no NCPC, sistema automático de inversão do ônus da prova, conforme a natureza da demanda ou qualidade da parte autora. Por outras palavras, persiste, segundo o NCPC, a obrigação de o autor fazer prova de suas alegações (*rectius:* dos fatos constitutivos de seu direito).

O que se tem de novo é a autorização para que o juiz, diante das peculiaridades do caso concreto, distribua o encargo probatório de modo diverso da regra consagrada no Código Buzaid e, insista-se, mantida no NCPC.

Como se trata de uma regra de procedimento, o legislador, acertadamente, tomou partido em acesa divergência jurisprudencial e previu que o comando geral deverá ser afastado de modo a permitir às partes se desincumbirem dos ônus então redistribuídos.

Em resumo, estabeleceu-se que a hipotética modificação deve ocorrer antes de a sentença vir a ser proferida (art. 373, § 1.º, do NCPC).

Com essa demarcação temporal, pretendeu-se evitar pronunciamento surpresa e, portanto, violação ao princípio constitucional do contraditório.

A rigor, trata-se de mero desdobramento da norma fundamental inserta no art. 10 do NCPC, por meio da qual se veda ao juiz proferir decisões, de ordem material e processual, capazes de surpreender as partes do processo.

Além disso, assegura o NCPC, em seu art. 1.015, XI, que a decisão interlocutória sobre a distribuição do ônus probatório desafia agravo, sendo que, diante da supressão da modalidade retida no NCPC, não haverá espaço senão para apreciação imediata do recurso interposto.

De toda maneira, em citado pronunciamento, deverão ser indicadas as razões que levaram a afastar-se a regra geral, não se prestando a tanto a lacônica fundamentação segundo a qual "à luz do que dispõe o art. 373, § 1.º, e consideradas as circunstâncias do caso concreto, bem como as dificuldades da parte autora em fazer prova dos fatos constitutivos de seu direito, atribui-se ao réu a obrigação de trazer aos autos elementos bastantes para rechaçar a pretensão do autor, sob pena de julgamento de procedência do pedido."

Muito menos fica excluída a obrigatoriedade de o juiz declinar as razões pelas quais indefere o pleito de redistribuição do encargo probatório formulado pelo autor.

O tempo dirá se se vai presenciar, agora, no plano das provas, fenômeno similar àquele que, em maior ou menor escala, pôde ser observado, em se tratando do deferimento ou indeferimento de pleitos de natureza antecipatória "haja vista a presença ou ausência de elementos hábeis a justificar o acolhimento de aludido pleito".[10]

E por falar em antecipação de tutela, veja-se de que maneira o NCPC tratou desse importante mecanismo, notadamente no plano das medidas satisfativas de urgência.

5. ESTABILIZAÇÃO DA TUTELA ANTECIPADA DE URGÊNCIA

Nos artigos 303 e 304, prevê o NCPC a denominada estabilização da tutela antecipada.

A técnica visa a abreviar o procedimento, a partir do comportamento de um dos sujeitos do processo, no caso, o réu, consistente em não se recorrer, via agravo de instrumento, da decisão de cunho antecipatório.

---

[10] Apresenta-se, pois, de todo atual a contundente crítica quanto à ausência de fundamentação de decisões liminares, outrora formulada por PASSOS, José Joaquim Calmon de. *Comentários ao Código de Processo Civil.* 9. ed. Rio de Janeiro: Forense, 2005. v. III, p. 39-40.

Inserto no plano da ordinariedade do CPC ainda vigente pela Lei 8.952, de 13 de dezembro de 1994,[11] por meio do instituto da antecipação de tutela, permite-se ao autor lograr a fruição do bem de vida perseguido no processo já ao iniciar deste.

Para tanto, deverá o autor (*rectius:* seu pleito) preencher os requisitos hoje elencados nos artigos 273 ou 461 do CPC vigente, consoante o tipo de providência pleiteada.

Há, por assim dizer, adiantamento dos efeitos da resposta jurisdicional pretendida pelo autor.

A experiência do cotidiano forense demonstrou, entretanto, que, concedida a antecipação para que haja, por exemplo, o fornecimento de medicamento ou a realização da cirurgia, a sentença, não raro, corresponde a uma espécie de ratificação do primitivo *decisum.*

Dita confirmação, por óbvio, não significa dizer que um e outro pronunciamentos tenham sido necessariamente corretos.

Com efeito, eis que possível equívoco inicial não deve, de modo automático, levar a outro engano.

De toda maneira, situações tais, até mesmo pela impossibilidade de se desfazerem – do ponto de vista prático – os efeitos da liminar, levaram a que se concluísse pela possibilidade de haver a estabilização da tutela antecipada de urgência.

Assim, estabeleceu-se forma de abreviar o procedimento sem, contudo, violar o direito constitucional de ampla defesa do réu.

Daí, previu-se, no NCPC, a técnica procedimental ora resumidamente exposta.

Desse modo, não sendo impugnada a decisão antecipatória, via recurso, nem oferecida a contestação, estará o juiz autorizado a extinguir, mediante sentença, o processo.

Nada obstante, no prazo de 2 anos da extinção, à parte ré[12] fica assegurado o direito de ajuizar ação para pleitear a revisão, reforma

---

[11] A autorização para proferir-se decisão satisfativa antecipada já se fazia presente em diplomas normativos próprios, tal qual o que disciplinava o procedimento do mandado de segurança (Lei 1.533, de 31 de dezembro de 1951, revogada pela Lei 12.016, de 07 de agosto de 2009).

[12] É bem verdade que o art. 304, § 2.º, do NCPC contempla, de modo expresso, a possibilidade de a revisão, invalidação ou reforma da decisão vir a ser pleiteada

ou invalidação dos efeitos outrora estabilizados (art. 304, § 6.º, do NCPC).

Afastada a estabilização, não fica excluída a discussão ao propósito das consequências, inclusive de ordem patrimonial, a serem eventualmente suportadas, agora, pelo primitivo autor.

Destaca-se, por fim, que, não bastasse a (eventual) possibilidade de responsabilização da parte beneficiária da medida liminar satisfativa, não se afigura admissível a concessão *ex officio* de providência do gênero, pois tal permissão atenta, salvo melhor juízo, contra o princípio da imparcialidade do juiz.

Por isso, a ausência da expressão "a requerimento da parte" prevista no art. 273 do CPC vigente – correspondente, linhas gerais, ao art. 300 do NCPC- não deve levar à conclusão de que a formulação de pleito antecipatório deixou de se fazer necessária.

Afinal, o NCPC ostenta – de fato? – como um de seus pilares a prerrogativa de autodeterminação das partes.

Bem por isso, veja-se outra inovação contemplada na Lei 13.105/2015, no caso, a permissão para que as partes realizem os chamados negócios processuais.

6. ACERTADA VALORIZAÇÃO DA AUTODETERMINAÇÃO DAS PARTES?[13]

Concede o art. 190 do NCPC autorização genérica para que autor e réu, de comum acordo, elaborem o procedimento que se lhes afigure condizente com as peculiaridades da demanda *sub judice*.

---

por qualquer das partes. No entanto, e salvo melhor juízo, acredita-se que o principal interessado em alterar a situação jurídica estabilizada seja o réu que, afinal, suportou os efeitos do quanto outrora se antecipou em proveito do autor. Daí, como se trata de abordagem de cunho geral, desenvolveu-se o tema considerando-se a situação que se afigura a mais comum de ser vivenciada do ponto de vista prático.

13 Sobre o tema, consulte-se DIDIER JR., Fredie. Princípio do respeito ao autorregramento da vontade no processo civil. Disponível em: <http://www.tex.pro.br/index.php/artigos/306-artigos-jun-2015/7187-principio-do-respeito-ao-autorregramento-da-vontade-no-processo-civil>. Acesso em: 02.06.2015.

Ainda que se possa sustentar que o direito constitucional de ação reclame adequada tutela procedimental e, pois, já estivesse o juiz autorizado a flexibilizar as regras formais em nome do acesso pleno à justiça,[14] tem-se, doravante, disciplina legal para tanto, o que, por mais paradoxal que possa parecer, confere, em alguma medida, segurança jurídica à flexibilização.

De fato, pois, para levar-se a cabo tal empreitada deverá haver prévio ajuste entre as partes, cabendo ao juiz a atividade fiscalizatória do acordo, de modo a impedir prejuízo a uma delas e, no fim das contas, ao funcionamento do Poder Judiciário.

Ademais, apenas na hipótese de o direito material controvertido admitir disposição é que se poderá cogitar da realização de negócios processuais.

Grosso modo, pode lançar-se mão da conhecida máxima segundo a qual "quem pode o mais pode o menos".

Sem que se proceda a exame mais detido sobre o ponto, encerra-se o tópico com a seguinte ponderação: o mesmo Código, que corretamente buscou privilegiar tanto quanto possível a previsibilidade das decisões jurisdicionais, haja vista a determinação contida em seu art. 926, afastou-se, salvo melhor juízo, de tal premissa ao tratar da órbita procedimental.

Seja como for, há, agora, expressa escolha legislativa que, em princípio, franqueia a autor e réu atuarem em juízo segundo regras por eles próprios ajustadas.

7. FINALMENTE OS PRINCÍPIOS DO CONTRADITÓRIO (RENOVADO) E DA FUNDAMENTAÇÃO ANALÍTICA

Conferiu-se, no NCPC, roupagem diversa à garantia constitucional do contraditório.

Com efeito, eis que tal garantia passou a englobar, no plano legislativo, insista-se, tanto o direito de as partes influenciarem a decisão quanto a vedação de o juiz proferir pronunciamentos surpresa no processo.

---

14 Nesse sentido, MITIDIERO, Daniel. Direito Fundamental à Tutela Jurisdicional Adequada e Efetiva, Tutelas Diferenciadas e Multa Processual para o Cumprimento de Obrigações de Pagar Quantia. *Processo Civil e Estado Constitucional*. Porto Alegre: Livraria do Advogado Editora, 2007, p. 91-92.

Cuidaram desse relevante princípio os artigos 7.º, 9.º e 10 do NCPC.

Haja vista que o procedimento cognitivo comporta série de decisões em contraditório ao longo de seu desenrolar, seguem observações de ordem geral atinentes ao princípio em pauta.

Em primeiro lugar, ressalta-se que a inserção desses dispositivos no texto legal, e mais especificamente, do art. 10, representa – ou melhor, poderá representar – o maior contributo, a grande contribuição do NCPC para a democratização do processo jurisdicional brasileiro.

Explica-se. Ao estabelecer-se que os argumentos jurídicos de autor e réu serão, de fato, analisados, de modo igualitário, sob a chancela do contraditório, sem que o juiz possa proferir decisões apoiado em fundamentação não previamente submetida ao debate, cria-se ambiente procedimental no qual as partes acabam por figurar como coautores, responsáveis, enfim, pelas decisões no processo.[15]

Nessa nova concepção de processo:

> Ganha destaque a denominada "comunidade de trabalho" (*Albeitsgemeinschaft* – de uma teoria normativa da *comparticipação* ou da *cooperação* relida) entre juiz e partes (e seus advogados), impedindo que a relação entre estes se transformasse em conflito de categorias, e promovendo na doutrina processual a idealização do *policentrismoprocessual*, que afasta qualquer concepção de protagonismo (das partes e dos advogados no liberalismo processual e do juiz na socialização) (grifos e destaques do original).[16]

E nem mesmo poderia ser diferente, afinal, por força do disposto no art. 133 da CF/1988, o advogado é indispensável à Administração da Justiça.

---

[15] O que não corresponde a admitir que as partes, no curso do procedimento, devam cooperar entre si para alcançar-se decisão justa, conforme dicção literal do art. 6º do NCPC, assim redigido: "Todos os sujeitos do processo devem cooperar entre si para que se obtenha, em tempo razoável, decisão de mérito justa e efetiva." No particular, adere-se à crítica de STRECK, Lenio Luiz *et al.* O "bom litigante" – Riscos de moralização do processo pelo dever de cooperação do novo CPC. *RBDPro* 90/341-343.

[16] NUNES, Dierle. Reformas processuais: estatalismo ou privatismo? Por um modelo comparticipativo. *RBDPro* 90/149.

Para bem compreender o tema, deve-se atentar para o princípio da fundamentação analítica das decisões jurisdicionais, consagrado no art. 489 do NCPC.

Diz-se analítica, eis que a previsão de obrigatoriedade de fundamentação disposta no art. 93, IX, da CF/1988 se viu "reforçada" pela especificação de diretrizes infraconstitucionais cuja não observância dará ensejo à aplicação da sanção de nulidade ao ato decisório.

Linhas gerais, da leitura conjunta dos dispositivos citados no presente tópico infere-se que os argumentos jurídicos de autor e réu deverão ser considerados pelo juiz, exigindo-se, pois, que as decisões se apoiem nos fundamentos previamente submetidos ao contraditório.

Submissão, vale sublinhar, que alcança toda sorte de matérias apreciáveis de ofício no processo.

Além disso, caberá ao juiz explicitar os motivos pelos quais o princípio jurídico, o conceito indeterminado, o entendimento jurisprudencial e a norma legal, previamente debatidos sob o crivo do contraditório e adotados como razão de decidir, ajustam-se às especificidades do caso concreto *sub judice.*

Sem prejuízo, em todo caso, da obrigação de declinar o motivo pelo qual o posicionamento jurisprudencial invocado pela parte não se aplica à espécie.

Em resumo, consoante judiciosa lição doutrinária:[17]

> Enfim, urge compreender-se de uma vez por todas que, no Estado Democrático de Direito, a justificação adotada no pronunciamento jurisdicional decisório tem de ser feita dentro de um conteúdo estrutural normativo que as normas processuais lhe impõem, em forma tal que o agente público dê motivação racional à decisão prolatada, sob a prevalência do ordenamento jurídico em vigor e indique a legitimidade das escolhas adotadas, em decorrência da obrigatória análise dos argumentos jurídicos desenvolvidos pelas partes, em contraditório, em torno das questões de fato e de direito sobre as quais estabeleceram discussão.

---

17 BRÊTAS, Ronaldo C. Dias. *Processo Constitucional e Estado Democrático de Direito*. Belo Horizonte: Del Rey, 2015, p. 172.

Até que sobrevenha consolidação de entendimento doutrinário e, sobretudo, jurisprudencial a respeito desse dispositivo, não parece improvável possa haver aumento considerável do número de recursos, sob alegação de violação aos princípios do contraditório e da fundamentação analítica.

Isso porque a eficácia desses comandos normativos se apoia, em última análise, numa visão igualitária de diálogo, ou melhor, e no final das contas, na premissa de respeito mútuo, forçoso convir, não muito presente nos dias de hoje entre os operadores do direito, como, de resto, nas múltiplas relações interpessoais de que participamos.

Oxalá, esteja de todo equivocada a (pessimista?) previsão que se acaba de fazer.

De outro lado, defende-se, em perspectiva contrafactual (otimista?), que se poderá, a médio e longo prazo, alcançar-se a redução do número de recursos, pois a construção participada das decisões no processo poderá exercer influência no ânimo da "parte sucumbente".

Nesse caso, poder-se-ia falar de uma, por assim dizer, limitação sistêmica implícita ao direito de recorrer,[18] oriunda, insista-se, da construção, com efeito, participada das decisões no processo.

8. CONCLUSÕES

Por intermédio da profissionalização de conciliadores e mediadores, o NCPC pretende conferir maior efetividade à audiência inicial de conciliação.

Nada obstante, em respeito à autoderminação das partes, no Estado Democrático de Direito brasileiro, ninguém pode ser obrigado a transigir.

O NCPC manteve a regra geral de distribuição estática do ônus da prova. Daí, apenas mediante decisão fundamentada – proferida ao

---

[18] Nesse sentido, SOARES, Leonardo Oliveira. "Duas restrições, no futuro CPC, ao exercício do direito constitucional ao recurso." *RDDP* 148 e, agora, em versão revista, na presente coletânea. Sobre o ponto, consultem-se, ainda, BAHIA, Alexandre Franco Melo; NUNES, Dierle; PEDRON, Flávio Quinaud e THEODORO JR., Humberto. *NOVO CPC. Fundamentos e Sistematização. Lei 13.105, de 16.03.2015*.2. ed. rev., atual. e ampl. Rio de Janeiro: Forense. 2015, p. 95.

tempo do saneamento do processo – e sujeita a recurso de agravo, poderão as partes suportar ônus probatório diverso à luz das peculiaridades do caso concreto.

A denominada estabilização da tutela antecipada não exclui o direito constitucional de ampla defesa, nem eventual futura responsabilização da parte que venha a beneficiar-se de aludida estabilização. Bem por isso, e em reverência ao princípio da imparcialidade, o deferimento de medida antecipatória fica condicionado a prévio requerimento da parte.

O mesmo Código, que corretamente buscou privilegiar tanto quanto possível a previsibilidade das decisões jurisdicionais, haja vista a determinação contida em seu art. 926, afastou-se, salvo melhor juízo, de tal premissa ao tratar da órbita procedimental. Com efeito, dada a autorização genérica para a realização dos denominados negócios processuais pelas partes.

A "releitura" legislativa dos princípios constitucionais do contraditório e da fundamentação poderá fomentar a criação de espaço procedimental cognitivo apto a propiciar decisões, no processo, compatíveis com o Estado Democrático de Direito brasileiro.

9. REFERÊNCIAS BIBLIOGRÁFICAS

BAHIA, Alexandre Franco Melo; NUNES, Dierle; PEDRON, Flávio Quinaude THEODORO JR., Humberto. *NOVO CPC. Fundamentos e Sistematização. Lei 13.105, de 16.03.2015.* 2. ed. rev., atual. e ampl. Rio de Janeiro: Forense. 2015.

BRASIL. Senado Federal. Senado aprova projeto que regulamenta a mediação para solução de conflitos. Disponível em: <http://www12.senado.gov.br/noticias/materias/2015/06/02/senado-aprova-projeto-que-regulamenta-a-mediacao-para-solucao-de-conflitos>. Acesso em: 03.06.2015.

BRÊTAS. Ronaldo C. Dias. *Processo Constitucional e Estado Democrático de Direito.* Belo Horizonte: Del Rey, 2015.

CRUZ E TUCCI, José Rogério. Vetos inusitados conspiram contra o futuro promissor da arbitragem. Disponível em: <http://www.conjur.com.br/2015-jun-02/paradoxo-corte-vetos-inusitados-conspiram-futuro-promissor-arbitragem>. Acesso em: 02.06.2015.

DIDIER JR., Fredie. Princípio do respeito ao autorregramento da vontade no processo civil. Disponível em: <http://www.tex.pro.br/index.php/

artigos/306-artigos-jun-2015/7187-principio-do-respeito-ao-autorregramento-da-vontade-no-processo-civil>. Acesso em: 02.06.2015.

FAGUNDES CUNHA, J.S. Da conciliação, da mediação e da arbitragem endoprocessual e o novo Código de Processo Civil. *Revista Jurídica Luso-Brasileira.* Ano 1, nº 2, 2015. Disponível em: <http://www.cidp.pt/publicacoes/revistas/rjlb/2015/2/2015_02_1095_1129.pdf>. Acesso em: 05.06.2015.

PASSOS, José Joaquim Calmon de. *Comentários ao Código de Processo Civil.* 9. ed. Rio de Janeiro: Forense, 2005. v. III.

MASCARENHAS, Gabriel; SADI, Andréia. Gilmar Mendes quer adiar prazo do novo Código de Processo Civil. Informação disponível em: <http://www1.folha.uol.com.br/poder/2015/06/1646465-gilmar-mendes-quer-adiar-prazo-do-novo-codigo-de-processo-civil.shtml>. Acesso em: 24.06.2015

MITIDIERO, Daniel. Direito Fundamental à Tutela Jurisdicional Adequada e Efetiva, Tutelas Diferenciadas e Multa Processual para o Cumprimento de Obrigações de Pagar Quantia. Processo Civil e Estado Constitucional. Porto Alegre: Livraria do Advogado Editora, 2007.

NUNES, Dierle. Reformas processuais: estatalismo ou privatismo? Por um modelo comparticipativo. *Revista Brasileira de Direito Processual.* n. 90. Belo Horizonte: Fórum, abr./jun. 2015.

SOARES, Leonardo Oliveira. Duas restrições, no futuro CPC, ao exercício do direito constitucional ao recurso. *Revista Dialética de Direito Processual.* vol. 148. São Paulo: Dialética, jul. 2015.

SOARES, Leonardo Oliveira. Sucumbência recursal: estímulo à redução ou ao aumento de duração dos processos? *PRIMEIROS ESCRITOS DE DIREITO PROCESSUAL: faz escuro mas eu canto.* Belo Horizonte: Del Rey, 2013.

STRECK, Lenio Luiz *et al.* O "bom litigante" – Riscos de moralização do processo pelo dever de cooperação do novo CPC. *Revista Brasileira de Direito Processual.* n. 90. Belo Horizonte: Fórum, abr./jun. 2015.

Lenio Luiz, STRECK e Direle, NUNES. O Senado vai permitir a mutilação do novo CPC antes de entrar em vigor. Disponível em: <http://www.conjur.com.br/2015-dez-01/senado-permitira-mutilacao-cpc-antes-entrar-vigor>. Acesso em 01.12.2015. THEODORO JR., Humberto. A constitucionalização do processo no Estado Democrático de Direito brasileiro. *NOVO CPC: reflexões e perspectivas.* Belo Horizonte: Del Rey, 2014.

Capítulo III

UMA EXIGÊNCIA DE IGUALDADE NO NCPC

COISA JULGADA, COERÊNCIA JURISPRUDENCIAL E O NCPC: LIGEIRO APONTAMENTO[1]

O princípio geral da segurança jurídica em sentido amplo (abrangendo, pois, a ideia da protecção da confiança) pode formular-se do seguinte modo: o indivíduo têm do direito poder confiar em que aos seus actos ou às decisões públicas incidentes sobre os seus direitos, posições ou relações jurídicas alicerçados em normas jurídicas vigentes e válidas por esses actos jurídicos deixado pelas autoridades com base nessas normas se ligam os efeitos jurídicos previstos e prescritos no ordenamento jurídico. As refracções mais importantes do princípio da segurança jurídica são as seguintes: (1) relativamente a actos normativos – proibição de normas retroactivas restritivas de direitos ou interesses juridicamente protegidos; (2) relativamente a actos jurisdicionais – inal terabilidade do caso julgado; (3) em relação a actos da administração – tendencial estabilidade dos casos decididos através de actos administrativos constitutivos de direito (destaques no original). (José Joaquim Gomes Canotilho, *Direito Constitucional e Teoria da Constituição*. 6. ed. Coimbra: Almedina, 2002.)

A coerência assegura a igualdade, isto é, que os diversos casos terão a igual consideração por parte do Poder Judiciário. Isso somente pode ser alcançado através de um holismo interpretativo, constituído a partir de uma circularidade hermenêutica. (Lenio Luiz Streck, O novo CPC e o Hermeneutic Turn do Direito Brasileiro – Condições e possibilidades. *Revista Brasileira de Direito Processual*. n. 90, abr./jun. 2015).

---

1 Publicado originalmente na *Revista Síntese Direito Civil e Processual Civil*. set./out., 2015, n. 97, em edição especial dedicada ao NCPC. Texto revisto.

1. INTRODUÇÃO

Em primeira abordagem sobre a denominada "relativização" da coisa julgada, defendeu-se sua admissibilidade apenas segundo as formas e prazos previamente estabelecidos em lei. E ainda assim, desde que compatíveis aquelas e estes com o Texto Constitucional pátrio.[2]

Tempos depois, noutro escrito[3] – apoiado em judiciosas lições doutrinárias de MARINONI[4] – sustentou-se a impossibilidade de flexibilização extrassistêmica da coisa julgada, eis que se constitui, aludido instituto constitucional, em condição de existência mesma do discurso jurídico no Estado Democrático de Direito brasileiro.

Naquele segundo trabalho, e como pano de fundo, colocou-se em evidência respeitável decisão proferida, em regime de repercussão geral, no RE 363.889. Mais precisamente, chamou-se a atenção para possível desencadeamento de efeitos nocivos de cogitado *decisum*, considerado o sistema público de distribuição de justiça pátrio como um todo.

Por intermédio desse pronunciamento, relembra-se, fora autorizado prosseguimento de demanda declaratória de reconhecimento de paternidade, caso o pleito anterior a respeito houvesse sido decidido sem a realização de prova técnica vulgarmente conhecida como "exame de DNA". Como particularidade decisória, figurou o fato de que tal prova não fora realizada no primitivo processo, em virtude de impossibilidade econômica de seu custeio pela parte autora.

Vale dizer, decidiu-se, no RE 363.889, pela viabilidade da regular tramitação de um segundo processo, sem reconhecer como obstáculo para tanto a indiscutibilidade e imutabilidade de que se revestia o dispositivo da decisão anterior.

Por maioria de votos, basicamente assim se posicionou a Corte Suprema, tendo em conta, ao fim e ao cabo, o princípio constitucional

---

2 SOARES, Leonardo Oliveira. A coisa julgada inconstitucional e o processo civil de resultados no Estado Democrático de Direito brasileiro. *RJ* 400.

3 SOARES, Leonardo Oliveira. Coisa julgada material: pedra de toque do Estado Democrático de Direito brasileiro? *RMDCPC* 56. Vide também SOARES, Leonardo Oliveira. A desconsideração atípica da coisa julgada material e o princípio constitucional da inafastabilidade. *RePro 223*.

4 *Coisa julgada inconstitucional*. São Paulo: Ed. RT, 2008, p. 7-8.

da dignidade da pessoa humana, dado que o reconhecimento de direitos, na esfera única de nossa personalidade, constitui-se em desdobramento de referido princípio maior.

Nada obstante o diverso propósito do presente estudo, destaca-se que a leitura do inteiro teor da respeitável decisão[5] merece detida análise. Inclusive para o fim de apreciarem-se as objeções levantadas pelos Ministros Marco Aurélio de Melo e Cezar Peluso, cujos votos restaram vencidos na ocasião.

Feito o registro, veja-se o alvo a que, agora, tem-se em mira.

2. DELIMITAÇÃO DO OBJETO DO ESCRITO

Consoante dito acima, não se constitui no cerne da exposição renovar críticas aos desdobramentos sistêmicos que daí se poderiam desencadear.

Até mesmo pelo risco que a previsão – como sói ocorrer com toda e qualquer previsão – nem venha, como, de resto, até o momento não veio, a materializar-se.

De outro lado, e sem perder de vista a ressalva que se acaba de fazer, é fato que as expectativas dos operadores do direito se dirigem, com maior ou menor otimismo, para a entrada em vigor da Lei 13.105/2015, por intermédio da qual foi criado o NCPC.

Um Código que, acertadamente, enfatiza-se, privilegia, tanto quanto possível, a previsibilidade decisória, haja vista a determinação contida em seu art. 926, *caput*, segundo a qual devem os Tribunais manter sua jurisprudência estável, íntegra e coerente.

Em síntese, nesse momento, voltam-se as atenções dos operadores do direito para diploma processual cujo início de vigência se avizinha e que se ocupou, no particular, de modo correto, do relevante princípio constitucional da segurança jurídica.

Assim, diante de novo pronunciamento da Corte Suprema pátria, a envolver a garantia constitucional da coisa julgada, pretende-se trazer à tona interrogação, olhos postos, insista-se, no NCPC.

---

5 Disponível em: <http://redir.stf.jus.br/paginadorpub/paginador.jsp?docTP=-TP&docID=1638003.>. Acesso em: 21.06.2015.

3. COISA JULGADA MATERIAL E O STF

Em recentíssimo julgamento (RE 730.462), de igual modo sob regime de repercussão geral, firmou-se tese unânime, que pode ser nestes termos resumida: as decisões de mérito do STF, no âmbito do controle concentrado, não ostentam aptidão para, de plano, desconstituir a coisa julgada material configurada noutros processos.

Da leitura da ata de aludido julgamento pode dizer-se que se concluiu que apenas mediante ação rescisória é possível a respectiva desconstituição, pois se estaria diante de ato jurídico perfeito cujo desfazimento sujeita-se às formas e prazo estabelecidos no ordenamento jurídico pátrio. Confira-se, pois, o teor de referida ata:[6]

> O Tribunal, por unanimidade e nos termos do voto do Relator, apreciando o tema 733 da Repercussão Geral, negou provimento ao recurso extraordinário. Fixada a tese com o seguinte teor: "A decisão do Supremo Tribunal Federal declarando a constitucionalidade ou a inconstitucionalidade de preceito normativo não produz a automática reforma ou rescisão das decisões anteriores que tenham adotado entendimento diferente. Para que tal ocorra, será indispensável a interposição de recurso próprio ou, se for o caso, a propositura de ação rescisória própria, nos termos do art. 485 do CPC, observado o respectivo prazo decadencial (art. 495)". Presidiu o julgamento o Ministro Ricardo Lewandowski. Plenário, 28.05.2015 (aspas no original).

Não se vai, aqui, tomar partido quanto ao conteúdo propriamente dito do *decisum* em apreço.[7]

Pode-se, contudo, e seguramente, afirmar que, com o pronunciamento em pauta, diferentemente do que ocorrera naquele destacado

---

6 Disponível em: <http://www.stf.jus.br/portal/diarioJustica/verDiarioProcesso.asp?numDj=112&dataPublicacaoDj=12/06/2015&incidente=4353441&codCapitulo=2&numMateria=17&codMateria=4>. Acesso em 15.06.2015.

7 O inteiro teor da respeitável decisão pode ser lido em: <file:///E:/Meus%20documentos/Downloads/texto_307679468.pdf>. Acesso em: 22 de novembro de 2015. Tendo em conta que a versão primitiva do escrito fora redigida antes da publicação do acórdão, e que a preocupação geral do escrito com a cognominada "coerência jurisprudencial" é de ordem geral, não se procedeu, nessa nova versão, à análise do pronunciamento em tela.

na introdução do escrito, caminhou-se no sentido de valorizar-se o princípio constitucional da segurança jurídica.

Com efeito, eis que restringido o alcance das decisões proferidas na via abstrata de sindicância de constitucionalidade.

É o quanto basta para apresentar, já, uma indagação.

4. COERÊNCIA JURISPRUDENCIAL E O NCPC

Segundo o disposto no art. 926, *caput*, do NCPC: "Os tribunais devem uniformizar sua jurisprudência e mantê-la estável, íntegra e coerente."

Tal dispositivo, ao que se tem notícia, restou assim redigido, após apresentação de emenda ao Projeto de novo CPC então em trâmite na Câmara dos Deputados,[8] e tem por finalidade garantir, tanto quanto possível, maior previsibilidade às decisões jurisdicionais. Ou melhor, aos provimentos a serem construídos segundo os princípios do contraditório dinâmico e da fundamentação analítica dispostos, respectivamente, nos artigos 10 e 489 do NCPC.[9]

A tríplice exigência estatuída no art. 926, *caput*, do NCPC não impede, entretanto, que se aborde uma delas de modo particularizado.

Assim, indo direto à primeira indagação que se pretende suscitar e para a qual, já se adianta, não se vai apresentar resposta conclusiva, pergunta-se: observou o STF a esperada coerência jurisprudencial nas duas demandas em evidência?

5. PERTINÊNCIA (SERÁ?) DA INTERROGAÇÃO

Um atento leitor haverá de prontamente questionar: diante da *vacatio legis* de 1 ano, prevista no art. 1045 do NCPC,[10] qual a utilidade de formular-se essa pergunta?

---

8 STRECK, Lenio Luiz. O novo CPC e o *Hermeneutic Turn* do Direito Brasileiro – Condições e possibilidades. *RBDPro* 90/362.

9 Nesse sentido, com ênfase no princípio do contraditório, consulte-se STRECK, Lenio Luiz. O novo CPC e o *Hermeneutic Turn* do Direito Brasileiro – Condições e possibilidades. *RBDPro* 90/363-364.

10 Dessa maneira, o NCPC entrará em vigor em 18 de março de 2016, haja vista o disposto no art. 8.º, § 1.º, da Lei complementar 95, de 26 de fevereiro de 1998,

Respondo-lhe, então, que a maior ou menor eficácia do correto comando normativo inserto no art. 926 do NCPC e, no fim das contas, da previsibilidade decisória almejada, dependerá em essência da delimitação de compreensão de seu conteúdo.

Bem por isso, se afigura oportuno, de imediato, debruçar-se sobre o dispositivo em pauta.

E, sob essa óptica, as duas respeitáveis conclusões do STF acima destacadas oferecem, salvo melhor juízo, subsídios para que se possa avaliar, a partir de demandas concretas, até onde se observou o mandamento contido no art. 926 do NCPC.

6. UMA AFIRMAÇÃO (APRESSADA?) SOBRE O ASSUNTO

Pontuou-se que não seria apresentada resposta conclusiva sobre a existência ou não de coerência entre os respeitáveis pronunciamentos em tela do STF.

No entanto, não parece arriscado dar um passo a mais, notadamente pelo fato de que, outrora, tomara-se partido pela impossibilidade de flexibilização da coisa julgada, salvo nas hipóteses prévia e constitucionalmente disciplinadas em lei.

Por isso, afirma-se, com o mais absoluto respeito, que a segunda decisão, ou melhor, que a conclusão a que se chegou no RE 730.462, nada obstante acertada, distanciou-se, por assim dizer, da coerência jurisprudencial, dado o teor do quanto fora assentado no RE 363.889.

De fato, pois dispensado, agora, tratamento diverso daquele antes adotado, embora se estivesse diante de situações jurídicas dotadas de igual eficácia preclusiva.

Ainda que para chegar-se à imutabilidade – combatida num e noutro recursos extraordinários – tenham sido percorridos caminhos distintos, quais sejam: insuficiência probatória, no primeiro caso, aplicação de lei posteriormente declarada inconstitucional, no segundo.

---

acrescentado pela Lei complementar 107, de 26 de abril de 2011, segundo o qual: "A contagem do prazo para entrada em vigor das leis que estabeleçam período de vacância far-se-á com a inclusão da data da publicação e do último dia do prazo, entrando em vigor no dia subsequente à sua consumação integral."

De todo modo, consoante se verá mais adiante, não se afigura temerário tal início de caminhada.

Com efeito, já que as conclusões do trabalho extrapolam, ou, se preferir, irão permanecer de pé, ainda que se discorde, no particular, do passo ora adotado.

7. UMA SEGUNDA E TAXATIVA AFIRMAÇÃO SOBRE O TEMA

Nada obstante os termos em que finalizado o tópico anterior, pode dizer-se que a diferenciada interpretação em tela não configura um mal em si mesma considerada.

Afinal, a necessidade de manutenção de coerência jurisprudencial não afasta, decerto, a salutar revisão de entendimentos.

Em síntese, caro leitor, e independentemente do modo como seja vista a relação entre as duas conclusões a que chegou o STF, pretendeu-se, com o texto, destacar que, com a entrada em vigor do NCPC, e sem prejuízo das disposições contidas em seu art. 489, a fundamentação jurisdicional deverá abarcar, também, a leitura que o tema de fundo *sub judice* tenha porventura recebido no plano jurisdicional.

Ainda que para chegar-se à conclusão de que o melhor a fazer seja afastar-se do posicionamento até então predominante.

Bem por isso, estatui o NCPC, no art. 927 § § § 2.º, 3.º e 4.º, respectivamente, critérios para que hipotética mudança não atinja, linhas gerais, situações consolidadas. Transcreve-se, por oportuno, o respectivo comando legal:

> Art. 927. Os juízes e os tribunais observarão:
>
> I – as decisões do Supremo Tribunal Federal em controle concentrado de constitucionalidade;
>
> II – os enunciados de súmula vinculante;
>
> III – os acórdãos em incidente de assunção de competência ou de resolução de demandas repetitivas e em julgamento de recursos extraordinário e especial repetitivos;
>
> IV – os enunciados das súmulas do Supremo Tribunal Federal em matéria constitucional e do Superior Tribunal de Justiça em matéria infraconstitucional;

> V – a orientação do plenário ou do órgão especial aos quais estiverem vinculados.
>
> § 1º o Os juízes e os tribunais observarão o disposto no art. 10 e no art. 489, § 1o, quando decidirem com fundamento neste artigo.
>
> § 2º A alteração de tese jurídica adotada em enunciado de súmula ou em julgamento de casos repetitivos poderá ser precedida de audiências públicas e da participação de pessoas, órgãos ou entidades que possam contribuir para a rediscussão da tese.
>
> § 3º Na hipótese de alteração de jurisprudência dominante do Supremo Tribunal Federal e dos tribunais superiores ou daquela oriunda de julgamento de casos repetitivos, pode haver modulação dos efeitos da alteração no interesse social e no da segurança jurídica.
>
> § 4º A modificação de enunciado de súmula, de jurisprudência pacificada ou de tese adotada em julgamento de casos repetitivos observará a necessidade de fundamentação adequada e específica, considerando os princípios da segurança jurídica, da proteção da confiança e da isonomia.
>
> § 5º Os tribunais darão publicidade a seus precedentes, organizando-os por questão jurídica decidida e divulgando-os, preferencialmente, na rede mundial de computadores."

Agora, e de modo taxativo, pode afirmar-se que o comando inserto no art. 926 do NCPC jamais poderá servir de fundamento para a propagação de um erro pretérito.

8. A COERÊNCIA JURISPRUDENCIAL COMO ELEMENTO COGNITIVO ORDINÁRIO NO NCPC

Durante a exposição, foi dito que o NCPC busca, de modo correto, valorizar a previsibilidade decisória.

Considerado o conteúdo dos tópicos anteriores, notadamente dos dois que antecederam ao presente, poder-se-ia, ainda, apresentar o seguinte questionamento: qual o destaque, ao fim e ao cabo, pretendeu-se conferir ao art. 926 de referido diploma processual?

De fato, pois o texto se ocupou precisamente de pronunciamentos que, ao menos à primeira vista, deixaram de seguir tal diretriz.

Sendo, por fim, de se ressaltar que, de forma categórica, afirmou-se que a coerência não pode levar, de modo necessário, à cristalização de erros.

Bem, aí está, sim senhor, a razão do escrito, a saber: sustenta-se que, desde a entrada em vigor do NCPC, como elemento cognitivo ordinário, por assim dizer, de cada processo, sempre estará submetido ao crivo do contraditório a visão institucional acaso existente dos temas *sub judice.*

Visão, por sua vez, que também haverá de ser construída segundo o disposto no art. 10 do NCPC.

Ou seja, o respeito à coerência pressupõe prévia e adequada formação de entendimentos.

Bem sopesadas as razões acima elencadas, não se pode, hoje mesmo, conviver com a "autorização" para que juízes e Tribunais decidam sem levar em conta a diretiva em pauta.

Com efeito, pois esta – a diretiva – visa a dar concretude, em última análise, ao princípio constitucional da isonomia.

Sendo que a concretização da igualdade, na esfera jurisdicional, constitui-se em inferência direta do Texto Constitucional vigente no Estado Democrático de Direito brasileiro.

Seja como for, com o iniciar da vigência do NCPC, a efetivação de citado princípio maior passará a contar (será mesmo?) com um importante aliado.

9. PRIMEIRAS CONCLUSÕES

O NCPC volta-se, tanto quanto possível, para a previsibilidade decisória, ao estabelecer que os Tribunais devem manter sua jurisprudência estável, integra e coerente.

A maior ou menor expectativa sistêmica dependerá da anterior delimitação do alcance de cogitado dispositivo legal.

De todo modo, na fundamentação, não se poderá deixar de atentar para a compreensão institucional já existente a respeito do tema submetido à apreciação do Poder Judiciário.

Dessa maneira, dita compreensão – construída sob a égide do contraditório – insere-se, como uma espécie de elemento cognitivo padrão, em todos os processos jurisdicionais.

A determinação de observância à coerência jurisprudencial não acarreta, por certo, na manutenção de toda e qualquer sedimentada posição jurisprudencial.

10. REFERÊNCIAS BIBLIOGRÁFICAS

BRASIL. Supremo Tribunal Federal. Ata de julgamento do RE 730.462. Disponível em: <http://www.stf.jus.br/portal/diarioJustica/verDiarioProcesso.asp?numDj=112&dataPublicacaoDj=12/06/2015&incidente=4353441&codCapitulo=2&numMateria=17&codMateria=4>. Acesso em 15.06.2015.

BRASIL. Supremo Tribunal Federal. RE 730.462. Disponível em: <file:///E:/Meus%20documentos/Downloads/texto_307679468.pdf>. Acesso em: 20.11.2015.

BRASIL. Supremo Tribunal Federal. RE 363.889 Disponível em: <http://redir.stf.jus.br/paginadorpub/paginador.jsp?docTP=TP&docID=1638003.>. Acesso em: 21.06.2015.

CANOTILHO, José Joaquim Gomes. *Direito Constitucional e Teoria da Constituição*. 6. ed. Coimbra: Almedina, 2002.

MARINONI, Luis Guilherme. *Coisa julgada inconstitucional.* São Paulo: Ed. RT, 2008.

SOARES, Leonardo Oliveira. A coisa julgada inconstitucional e o processo civil de resultados no Estado Democrático de Direito brasileiro. *Revista Jurídica.* vol. 400. Edição especial, jan. 2011.

SOARES, Leonardo Oliveira. A desconsideração atípica da coisa julgada material e o princípio constitucional da inafastabilidade. *Revista de Processo*. São Paulo: Ed. RT, vol. 223. São Paulo: Ed. RT, set. 2013.

SOARES, Leonardo Oliveira. Coisa julgada material: pedra de toque do Estado Democrático de Direito brasileiro? *Revista Magister Direito Civil e Processual Civil.* n. 56, set./out. 2013.

STRECK, Lenio Luiz. O novo CPC e o *Hermeneutic Turn* do Direito Brasileiro – Condições e possibilidades. *Revista Brasileira de Direito Processual.* n. 90. Belo Horizonte: FÓRUM, abr./jun. 2015.

Capítulo IV

NCPC, FLEXIBILIZAÇÃO PROCEDIMENTAL E UMA HIPÓTESE PARTICULAR (SERÁ?) DE CABIMENTO DO MANDADO DE SEGURANÇA

DISTINÇÃO ENTRE OS JUÍZOS DE ADMISSIBILIDADE E DE MÉRITO EM MANDADO DE SEGURANÇA CONTRA DECISÃO JUDICIAL NO ESTADO DEMOCRÁTICO DE DIREITO BRASILEIRO E O NCPC[1]

> *Em absoluto não diminui uma Corte de Justiça reconhecer que laborava em erro e decidir-se a corrigi-lo; o que pode diminuí-la é nele perseverar. Não receemos o lugar-comum:* Errare humanum est, perseverare autem diabolicum... (José Carlos Barbosa Moreira, *Temas de Direito Processual*, 7ª Série)

---

1 Publicado na *Revista Forense*. vol. 421, jan./jun. 2015, em edição especial dedicada ao NCPC. Texto revisto. Versão anterior fora divulgada na *Revista Dialética de Direito Processual*. n. 139, out. 2014. Naquela oportunidade, explorou-se, entretanto, o assunto exclusivamente à luz do direito vigente. Ou seja, não se examinou o tema – admissibilidade do mandado de segurança contra pronunciamento jurisdicional – tendo como pano de fundo o NCPC, aí compreendidas duas de suas linhas mestras, a saber: a) a consagração de tendência restritiva no plano da recorribilidade, materializada, no particular, na previsão da chamada sucumbência recursal e b) a disciplina da denominada flexibilização procedimental. Daí, inclusive, a menção ao NCPC no título do presente trabalho.

1. INTRODUÇÃO

Quase no apagar das luzes de 2014, finalizou-se, no Senado Federal pátrio, a votação do NCPC.[2]

Dito diploma normativo consagra, salvo melhor juízo, nítida tendência restritiva ao exercício do direito constitucional ao recurso, de que são exemplos a supressão do agravo retido e a previsão da denominada sucumbência recursal.[3]

Diante disso, e porque persiste questionável posição jurisprudencial sobre a *admissibilidade* do *Writ* contra pronunciamento judicial, mostra-se oportuno explorar o tema uma vez mais. Por certo, e como

---

2 Em 16 de dezembro de 2014, o Senado Federal aprovou, em última instância, o Texto-base do futuro CPC. A notícia recebeu o seguinte título: Texto-base do novo CPC é aprovado e destaques ficam para esta quarta. Informação disponível em: <http://www12.senado.gov.br/noticias/materias/2014/12/16/texto-base-do-novo-cpc-e-aprovado-e-destaques-ficam-para-esta-quarta>. Acesso em: 17.12.2014. Em 17 de dezembro de 2014, finalizou-se a votação, mediante a apreciação dos destaques. Informação disponível em: <http://www12.senado.gov.br/noticias/materias/2014/12/17/codigo-de-processo-civil-vai-a-sancao-presidencial>. Acesso em: 17.12.2014. O relatório e respectiva consolidação normativa então confeccionados pelo Senador Vital do Rêgo e que serviram de base para a aprovação, encontram-se disponíveis em: http://www12.senado.leg.br/noticias/arquivos/2014/11/27/veja-integra-do-relatorio-do-senador-vital-do-rego-1. Acesso em: 28.11.2014. Por medida de justiça, é de todo oportuno enfatizar a louvável iniciativa, consistente na imediata e democrática disponibilização do relatório em foco. Igualmente, merece registro a divulgação de quadro comparativo contendo o Texto Consolidado com os ajustes promovidos pela Comissão Temporária do Código de Processo Civil no Senado, o Substitutivo da Câmara dos Deputados (nº 8.046, de 2010, na Câmara dos Deputados), o Projeto de Lei do Senado nº 166, de 2010 (texto aprovado pelo Senado Federal) e o CPC vigente. Disponível em: <http://legis.senado.leg.br/mateweb/servlet/GetRTF?t=158926>. Acesso em: 15.02.2015. Por fim, giza-se que, em 24 de fevereiro de 2015, o texto final redigido pelo Senado foi encaminhado à sanção presidencial. Informação disponível em: <http://www.conjur.com.br/2015-fev-24/texto-final-cpc-enviado-presidencia-republica-sancao>. Acesso em: 05.03.2015.

3 A respeito, consulte-se SOARES, Leonardo Oliveira. Sucumbência recursal no Estado Democrático de Direito brasileiro: estímulo à redução ou ao aumento de duração dos processos. *PRIMEIROS ESCRITOS DE DIREITO PROCESSUAL: faz escuro mas eu canto*. Belo Horizonte: Del Rey, 2013, p. 223-238.

nas ocasiões pretéritas,[4] excluído todo e qualquer intento de disseminar a indiscriminada utilização de mencionada garantia constitucional. Bem ao contrário, busca-se, apenas, gizar peculiaridade atinente ao mérito da impetração. Sem prejuízo de apresentar-se, após aludida demarcação, periférica advertência ao propósito da existência de uma pretensa relação (necessária?) de causa e efeito, não raro, associada à uniformização decisória e para a qual se voltam, atualmente, os olhares da comunidade jurídica, em geral, e do legislador reformista pátrio, em particular.

Como ponto de partida da abordagem, tenha-se em mente a presente premissa: no Estado Democrático de Direito brasileiro, a atuação dos agentes públicos, no âmbito dos três poderes (*rectius:* funções), deve ater-se à normatividade democrática vigente (art. 5.º, II, da CF/1988).

A partir dessa afirmação, é bem verdade, nada inovadora, e já a direcionar o escrito para a esfera de controle dos atos jurisdicionais, pode dizer-se que o não atendimento, por parte do Estado-Juiz, das normas de comportamento e correlatos princípios autoriza o manejo do mandado de segurança, previsto no art. 5.º, LXIX, da CF/1988. Quando nada, sob o ângulo daquele que se sentiu lesado com a respectiva decisão, e desde que atendidas especificidades constitucionais e infraconstitucionais, respectivamente.[5] Afinal, vá a obviedade!, e ainda atento ao recorte que se acabou de empreender, os mandamentos

---

4 Eis os trabalhos antes redigidos sobre o tema: SOARES, Leonardo Oliveira. Pronunciamento jurisdicional teratológico: pressuposto para o cabimento de mandado de segurança? *RDDP* 89 e, mais recentemente, em versão revista e atualizada, SOARES, Leonardo Oliveira. Isonomia em mandado de segurança: afirmação do princípio constitucional da separação de poderes no Brasil? *NOVOS ESCRITOS DE DIREITO PROCESSUAL: ENTRE PRESENTE E FUTURO.* Belo Horizonte: Del Rey, 2015.

5 Não serão examinados requisitos específicos tais como: a) a observância do prazo decadencial de 120 dias, b) a ausência de trânsito em julgado, entre outros. Nada obstante, sobre este último ponto, confira-se recentíssimo estudo de ARAÚJO, José Henrique Mouta. Juizados Especiais Cíveis: do mandado de segurança ao valor da multa por descumprimento da ordem judicial. *RDDP/52-57*, no qual se defendeu o *cabimento* do *mandamus* contra certas decisões judiciais transitadas em julgado – *v.g.*, as proferidas por juiz absolutamente incompetente – no âmbito dos Juizados Especiais. Em defesa de cogitado posicionamento,

processuais regem a conduta das partes e de terceiros não menos que a do órgão julgador.

Até mesmo em virtude dessa última colocação, não se descuidou, no texto, de conceder a palavra ao devedor da prestação da tutela jurisdicional[6] no Estado supracitado. Ou melhor, por intermédio de ementas de atuais precedentes citadas no corpo do escrito, apresentou-se, em primeira mão, o harmônico posicionamento do Estado-Juiz sobre o tema em pauta.

As inferências que daí se vão extrair, bem, essas seguem nos próximos tópicos, a começar pelo subsequente.

2. POSICIONAMENTO JURISPRUDENCIAL UNIFORME E DISCIPLINA CONSTITUCIONAL DO MANDADO DE SEGURANÇA

O cerne do problema tratado pode ser traduzido nesta pergunta: afigura-se correto estabelecer diferença, apoiada na função de que tenha partido o ato estatal, para apreciar-se alegação de prática de ilegalidade ou de abuso de poder em sede mandamental?

Justifica-se, com efeito, a presente interrogação, haja vista prevalecer respeitável entendimento pretoriano, segundo o qual apenas atos jurisdicionais "teratológicos" ou "manifestamente ilegais" desafiam controle, via *mandamus*. A respeito, vide ementas de recentes decisões, iniciando-se pelas advindas do STF:

> Agravo regimental em recurso em mandado de segurança. Mandado de segurança impetrado contra ato jurisdicional. Alegado erro de distribuição. Agravo regimental não provido.
>
> 1. A jurisprudência da Suprema Corte é firme no sentido de ser inadmissível a impetração de mandado de segurança contra ato

---

além de respeitáveis precedentes do STJ, destacou-se a vedação de manejo de ação rescisória no microcosmo de citados Juizados prevista na Lei 9.099/95.

6 A utilização da terminologia "devedor da prestação da tutela jurisdicional" não afasta a relevância do papel das partes na construção participada da solução da demanda (*rectius:* do desfecho do processo). Ou seja, o emprego respectivo atendeu a mera comodidade do expositor, eis que usual, no meio jurídico, para definir a obrigação estatal em apreço.

revestido de conteúdo jurisdicional. Incide na espécie a Súmula nº 267/STF.

2. O mandado de segurança somente se revelaria cabível se o ato judicial se revestisse de teratologia, ilegalidade ou abuso flagrante, o que não se verifica na espécie.

3. Agravo regimental não provido.

(RMS 28082 AgR, 1ª Turma, Relator Min. Dias Toffoli, J. 05.11.2013, Acórdão Eletrônico-235, divulg. 28.11.2013, public. 29.11.2013).

Agravo regimental em recurso ordinário em mandado de segurança.

2. Mandado de segurança contra ato judicial. Ausência de teratologia ou abuso de poder. Não cabimento. Precedentes.

3. Agravo regimental ao qual se nega provimento.

(RMS 32017 AgR, 2ª Turma, Relator Min. Gilmar Mendes, J. 24.09.2013, Processo eletrônico, DJe-203, divulg. 11.10.2013, public. 14.10.2013).

Do Tribunal a que compete zelar pela uniformização da legislação federal pátria (art. 105, III, c, da CF/1988), consulte-se:

Agravo regimental no recurso ordinário em mandado de segurança. Tributário. Razões que não impugnam os fundamentos do acórdão recorrido. Ausência de regularidade formal. Inexistência de ato judicial teratológico de prejuízo irreparável ou de difícil reparação. Prescrição plena reconhecida. Decurso de mais de 5 anos entre o ajuizamento da execução e a citação do devedor. Agravo regimental do Município de Leme/SP desprovido.

1. Cinge-se a controvérsia sobre o cabimento do writ impetrado contra decisão judicial que negou provimento aos Embargos Infringentes interpostos com base no art. 34 da Lei 6.830/80, em face de decisão que julgou extinta a Execução Fiscal ante o reconhecimento da prescrição do art. 174, inciso I do CTN.

2. Inicialmente, ressalte-se que o recorrente não impugnou, como lhe competia, os fundamentos do acórdão recorrido, tecendo considerações a respeito da aplicabilidade do art. 40 da Lei 6.830/80, que cuida da prescrição intercorrente, sequer cogitada nos autos, faltando, portanto, requisito de regularidade formal.

3. Ademais, o Tribunal a quo entendeu inexistente ilegalidade flagrante capaz de abrir espaço para a impetração de MS contra ato judicial, uma vez que a prescrição fora corretamente decretada, com fundamento em farta jurisprudência desta Corte Superior.

4. Em casos como este haveria de estar presente flagrante ilegalidade e teratologia do ato judicial; é de se ter em conta que o conceito de ilegalidade é de mais simples apreensão, dado ao seu uso correntio na Ciência Jurídica, significando, em primeiro lugar, a infração direta a uma norma legal expressa – violação frontal da lei – como também, extensivamente, a violação do sentido que lhe tenha atribuído a jurisprudência dos Tribunais.

5. A absurdeza da ilegalidade de um ato jurisdicional é ministrada principalmente pela gravidade da infringência que esse ato veicula contra a dicção induvidosa da norma ou contra o sentido que lhe tem dado a jurisprudência das Cortes; a qualificação da ilegalidade de um ato jurisdicional é vista maximamente nos efeitos gravemente danosos e de causação imediata que esse ato desencadeia.

6 A teratologia do ato jurisdicional pode residir na forma do ato, do mesmo modo que pode residir na sua fundamentação, alcançando, nesse segundo caso, a sua motivação ou a sua razoabilidade.

7 Assim, *in casu*, ausente qualquer conteúdo teratológico a ponto de possibilitar a impetração do Mandado de Segurança pelo recorrente, tendo em vista que o Juízo a quo, ao decretar a prescrição da dívida tributária, conforme consignado nos autos, o fez de forma escorreita, utilizando-se de entendimento desta egrégia Corte Superior de que a LC 118/05, que alterou o art. 174 do CTN para atribuir ao despacho que ordenar a citação o efeito de interromper a prescrição, por ser norma processual, deve ser aplicada imediatamente aos processos em curso, desde que a data do despacho seja posterior à sua entrada em vigor, o que não é o caso dos autos (REsp. 999.901/RS, Rel. Min. Luiz Fux, DJe 10.06.2009).

8. Agravo Regimental do Município de Leme/SP desprovido.

(AgRg no RMS 43.191/SP, 1, 1ª Turma, Rel. Min. Napoleão Nunes Maia Filho, j. 17.09.2013, *DJe*26.09.2013).

A seu turno, assim vem se manifestando o TJMG:

Agravo. Mandado de segurança. Ato judicial. Utilização do Writ como sucedâneo recursal. Impossibilidade. Ausência de ilegalidade ou teratologia. Inadequação típica. Inicial indeferida. Recurso não provido.

1. A utilização do mandado de segurança contra ato judicial é medida excepcional, somente admissível nas hipóteses em que a decisão não seja impugnável pela via recursal comum e se encontre maculada de ilegalidade manifesta ou teratologia, de modo a evidenciar a lesão ao direito líquido e certo da parte.

2. Na esteira da jurisprudência do Superior Tribunal de Justiça, no regime da Lei 12.016/2009, subsistem os óbices que sustentam a orientação das Súmulas 267 e 268 do Supremo Tribunal Federal, no sentido de que, mesmo na hipótese de decisão judicial sujeita a recurso sem efeito suspensivo, o mandado de segurança (a) não pode ser simplesmente transformado em alternativa recursal (= substitutivo do recurso próprio) e (b) não é cabível contra decisão judicial revestida de preclusão ou com trânsito em julgado.

3. Patente a inadequação típica da ação mandamental impetrada para impugnar decisão passível de recurso, notadamente diante da ausência de ilegalidade ou teratologia no *decisum*.

(Agravo Interno Cv 1.0000.13.057233-2/001, Órgão Especial, Relator Des. Bitencourt Marcondes, j. 27.11.2013, publicação da súmula em 13.12.2013).

Veja-se, ainda, o posicionamento do TJRS:

Mandado de Segurança. Negócios jurídicos bancários. Não concessão de efeito suspensivo a agravo de instrumento. Ato judicial. Autoridade coatara: Desembargadora integrante da 12ª Câmara Cível.

1- A impetração de mandado de segurança em face de ato judicial passível de interposição de recurso afigura-se juridicamente possível, porém, em caráter excepcional, i.e., em casos teratológicos ou manifestamente ilegais. Jurisprudência do Superior Tribunal de Justiça, no sentido de flexibilizar a aplicação da Súmula n.º 267 da Corte Superior.

2- Caso concreto, entretanto, em que se mostra despiciendo o exame acerca da teratologia do ato judicial impugnado, para fins de aferição do cabimento do mandado de segurança, haja vista que o Grupo não possui competência para julgar mandado de segurança interposto contra decisão proferida por um de seus integrantes. Inicial indeferida.

> (Mandado de Segurança Nº 70056564297, 6º Grupo de Câmaras Cíveis, Relator Des. Umberto Guaspari Sudbrack, j. 30.09.2013, *DJE* 11.10.2013).

Do TSJP, consulte-se:

> Agravo regimental contra decisão monocrática extintiva de mandado de segurança impetrado contra ato judicial do relator que, em agravo de instrumento processado perante a 13ª Câmara de Direito Público, concedeu, de ofício, efeito suspensivo, em ação constitutiva negativa contra o Estado. Ausência de cópia do ato judicial impugnado
>
> - Impetração de mandado de segurança contra ato judicial é excepcionalíssima
>
> - Decisão proferida por autoridade competente, dentro de suas atribuições legais, sem excesso, abuso ou desvio de poder, não apresentando qualquer teratologia a justificar sua cassação. Agravo desprovido.
>
> (Agravo regimental 0019867-28.2013.8.26.0000, Relator(a): Isabel Cogan, 6º Grupo de Direito Público, j. 21.08.2013, DJE 26.08.2103).

Finalmente, do TJSC:

> Agravo regimental em mandado de segurança. Ação civil pública de improbidade administrativa. Indeferimento, na primeira instância, de produção de prova oral pela requerida. Intempestividade manifesta. Insurgência via agravo retido. Recurso inadequado. Impetração do Writ com vistas à modificação da interlocutória combatida. Impossibilidade. Veículo processual inadequado para o fim colimado, pois o remédio heroico não e sucedâneo recursal. Alegada irregularidade na representação processual da ré. Inocorrência. Intimação para depósito do rol de testemunhas feita na pessoa do causídico regularmente constituído e habilitado nos autos. Regularidade da intimação. Caráter teratológico ou abusivo do ato judicial impugnado não evidenciado. Manutenção da decisão que indeferiu a petição inicial. Recurso desprovido.
>
> - É errônea a interposição de agravo retido contra o indeferimento da produção de prova oral, ante a necessidade de revisão imediata da decisão guerreada, segundo a atual redação do art. 522, do CPC, conferida pela Lei 11.187/2005.

> - Não cabe mandado de segurança contra decisão judicial da qual caiba recurso com efeito suspensivo (art. 5º. II, Lei n. 12.016/2009), como ocorre na hipótese (art. 558, CPC).
>
> - Não se admite a impetração de mandado de segurança como sucedâneo de recurso, tenha ou não sido interposto regularmente (STF, Súmula 267).
>
> (TJSC, Agravo (§ 1º art. 557 do CPC) em Mandado de Segurança n. 2013.030117-7, Rel. Des. Carlos Adilson Silva, j. 16.07.2013).

Feita – não sem motivos, consoante se verá mais adiante – a minudente exemplificação do posicionamento jurisprudencial uniforme em apreço, e sem que se faça qualquer juízo de valor sobre o mérito propriamente dito das impetrações, é ora de retomar a exposição. Para tanto, renova-se o questionamento. Pois então: será aceitável estabelecer diferença, apoiada na função de que tenha emanado o ato estatal, para apreciar-se alegação de prática de ilegalidade ou de abuso de poder em sede mandamental?

A resposta negativa se impõe, notadamente se observado o princípio constitucional da isonomia (art. 5.º, *caput*) – uma das bases de aludido texto normativo – e do qual se extrai, como imperativo ético, o princípio da impessoalidade, consagrado no art. 37, *caput*, da Lei Maior.

Não bastasse o desdobramento ora explicitado, a simples leitura do comando constitucional que versa o instituto em pauta leva, do mesmo modo, a que se responda de modo negativo ao questionamento acima renovado. Como reforço de argumentação, transcreve-se o pertinente dispositivo normativo, inserto no título "Dos direitos e garantias fundamentais":

> Art. 5.º (...)
>
> LXIX – conceder-se-á Mandado de Segurança para proteger direito líquido e certo, não amparado por habeas corpus ou habeas data, quando o responsável pela ilegalidade ou abuso de poder for autoridade pública ou agente de pessoa jurídica no exercício de atribuições do Poder Público."

Vê-se, pois, que nenhuma ressalva se fez quanto a esta ou aquela atividade estatal. Sendo mais preciso, nenhum porém se encontra, no inciso em evidência, quanto ao agente público ou quem lhe faça as vezes, que, nessa condição, venha praticar, em tese, o ato – comissivo ou omissivo – ilegal.

Dito isso, acresça-se outra ponderação, também de ordem constitucional.

2.1 *Ainda a disciplina constitucional do mandado de segurança: breve observação de ordem sistêmica*

A concretização do princípio da separação de funções (art. 2.º da CF/1988) reclama – tanto quanto possível – contínua e equilibrada atuação dos agentes públicos a fim de alcançar-se *eficiência*[7] no desempenho de suas respectivas competências constitucionais (art. 37, *caput,* da CF/1988). Tal equilíbrio, a sua turno, ver-se-á de todo comprometido, caso a função de que faça parte o agente público seja decisiva para, no processo, examinar-se suposta inobservância ao idêntico parâmetro de comportamento, no caso, agir conforme a Lei.

Dessa maneira, para evitar-se a centralização de forças, por assim dizer, haverá a apreciação em foco de ocorrer, de modo objetivo, quer se trate de atuação do legislador, do administrador ou do órgão julgador, respectivamente. Tudo, enfatiza-se, em nome da esperada harmonia sistêmica, a partir da qual a diacrônica construção do Estado Democrático de Direito haverá, oxalá, de materializar-se.

Sob a óptica constitucional, e por mais de um ângulo de visão, afigura-se, pois, inadmissível a distinção jurisprudencial em análise.

3. APRECIAÇÃO INFRACONSTITUCIONAL DA DISCIPLINA DO MANDADO DE SEGURANÇA

Mesmo que a sucinta fundamentação desenvolvida nos dois tópicos anteriores já se apresente bastante para refutar o atual entendimento pretoriano sobre o assunto (será?), é oportuno trazer à tona observação de outra ordem, mas, nem por isso, menos indicativa do equívoco em destaque. Realmente, pois ao condicionar-se o "cabimento"

---

[7] Eficiência, aqui, concebida como atuação desencadeadora de máxima eficácia aos direitos fundamentais.

do *Writ* ao conteúdo "teratológico ou flagrantemente ilegal do *decisum*", deixa-se de atentar para as balizas do direito infraconstitucional vigente.

Explica-se. O exame da afirmação de que o pronunciamento jurisdicional padece de ilegalidade (mérito da ação mandamental) pressupõe anterior e positivo juízo quanto aos chamados "requisitos de admissibilidade para o julgamento do pedido"[8] de concessão de segurança.

É verdade que nenhum sabor de novidade vai nessa constatação. Afinal, e conforme destacado alhures, no direito, como, de resto, na vida não se pode (*rectius:* não se deve) colocar o carro na frente dos bois. Ou seja, é na análise de mérito que a *menor* ou *maior* intensidade da ilegalidade poderá ser considerada. Jamais, insista-se, no plano do *cabimento* do mandado de segurança, a essa altura de todo confirmada.

Sem contar, por fim, que, também na disciplina infraconstitucional do instituto (Lei 12.016/09), em momento algum, há especificação da função estatal de que faça parte o agente para fins de delimitar a *admissibilidade* do remédio heroico.

4. E A FLEXIBILIZAÇÃO PROCEDIMENTAL?

A técnica em destaque vem sendo apresentada, no plano doutrinário, como instrumento idôneo para propiciar eficiência na prestação da tutela jurisdicional.[9]

[8] Ao propósito da terminologia, vide CÂMARA, Alexandre Freitas. Será o fim da categoria "condições da ação"? Uma resposta a Fredie Didier Jr. *RePro*197/161. Não se vai, aqui, examinar o alcance da modificação ao propósito levada a cabo no NCPC. Certo é, contudo, que não se excluiu a necessidade de serem preenchidos requisitos de ordem formal para viabilizar o exame de mérito. Daí a atualidade do escrito à luz do NCPC.

[9] Em defesa da flexibilização ampla, com abundantes alusões à doutrina europeia, vide substancial estudo de ANDRADE, Érico. As novas perspectivas do gerenciamento e da "contratualização" do processo. *RePro*193/167-200. Posicionamento mais restritivo quanto ao alcance da flexibilização, já que reservada a casos "excepcionais", pode ser lido em REDONDO, Bruno Garcia. Devido processo "legal" e flexibilização do procedimento pelo juiz e pelas partes. *RDDP* 130. O ponto destacado encontra-se à p. 15 do estudo. Ainda sobre o tema,

Tendo em conta a recente aprovação pelo Congresso pátrio de novo conjunto de regras processuais, no qual aludido mecanismo vem contemplado, dentre outros dispositivos,[10] sob a forma dos negócios processuais (art. 190 do NCPC), do calendário processual (art. 191 do NCPCP), ou admitida simplesmente sua adoção à luz dos princípios constitucionais da eficiência e da duração razoável do processo,[11] poder-se-ia supor que a flexibilização irá repercutir no tema objeto de consideração no trabalho.

Reflexão mais detida autoriza, contudo, afirmar que a repercussão se fará sentir no plano de mérito, restando intacta (será mesmo?)[12] a esfera de *cabimento* do *mandamus* contra pronunciamento judicial. Com efeito, a apreciação processual da conduta do Estado-Juiz, ainda quando mais flexíveis os parâmetros de seu agir, somente poderá será levada a cabo, após admitido o trânsito regular da impetração.

Em suma, e sem prejuízo, em todo caso, de exame mais detido a respeito da interrogação pormenorizada formulada no parágrafo anterior, a diferença entre os juízos, aqui defendida, permanecerá de pé, independentemente de admitir-se a compatibilidade da flexibilização procedimental com a garantia *due process of law*.[13]

---

consulte-se CUNHA, Leonardo Carneiro da. A previsão do princípio da eficiência no projeto do novo Código de Processo Civil brasileiro. *RePro*233 e DIDIER JR., Fredie. Apontamentos para a concretização do princípio da eficiência do processo. *NOVO CPC: reflexões e perspectivas*. Belo Horizonte: Del Rey, 2014.

10 Vide IX do art. 139 do NCPC, segundo o qual: "O juiz dirigirá o processo conforme as disposições deste Código, incumbindo-lhe: (...) VI – dilatar os prazos processuais e alterar a ordem de produção dos meios de prova, adequando-os às necessidades do conflito de modo a conferir maior efetividade à tutela do direito"

11 MEIRELES, Edilton. Dever de gestão processual adequada. *RBDPro* 76/24-26.

12 O fato de o NCPC condicionar a flexibilização à prévia manifestação das partes haverá de repercutir no juízo de admissibilidade em pauta?

13 Em dois escritos, e sem que houvesse sido examinado o tema de que se cuida no artigo, foram apresentadas objeções de ordens teórica e prática à cogitada inovação, seja à luz do texto votado no Senado, seja a partir da Consolidação aprovada na Câmara e que acabou, no particular, por prevalecer na apreciação final da matéria no Congresso Nacional. Toma-se, pois, a liberdade de remeter o leitor a referidos estudos. SOARES, Leonardo Oliveira. Flexibilização procedimental: afirmação do *due process of law*? *RT* 931 e SOARES, Leonardo Oliveira. Calendário processual, sucumbência recursal e o Projeto de novo CPC para o Brasil. *RePro* 227.

5. NOTA EXPLICATIVA (OU DE ADVERTÊNCIA?)

No corpo do escrito, foi citado o inteiro teor de número significativo de ementas de respeitáveis precedentes sobre o tema em exposição, oriundos de diferentes Tribunais pátrios, nas quais se pode ler a síntese:

a) ou dos casos concretos apreciados,
b) ou da fundamentação adotada nas respectivas decisões,
c) ou, enfim, e de modo concomitante, dos assuntos indicados nos itens a) e b).

O motivo para tanto: oferecer a você, caro leitor, subsídios para, eventualmente, discordar da distinção entre os juízos de admissibilidade e de mérito defendida no estudo.

Por isso, aconselhável se lhe afigura (re) examinar tais ementas. Mais produtivo, forçoso convir, será, de pronto, debruçar-se sobre a íntegra das decisões pertinentes.

Destaca-se, por oportuno, que a diferenciação empreendida ao propósito do direito de ação faz-se presente, de igual maneira, no plano dos recursos.[14]

Daí pode dizer-se que a matéria em si encontra-se adstrita à teoria geral do processo.

E já que se destacou o plano da teoria geral do processo, com os olhos postos no harmônico posicionamento jurisprudencial respeitosamente combatido no texto, caminha-se para o término da abordagem com a seguinte *advertência:* a uniformização decisória – tão prestigiada atualmente, na área acadêmica[15] não menos que na esfera legislativa[16] – nem sempre irá resultar na *adequada* (vá o termo!)

---

14 Nesse sentido, veja-se recente artigo de GRINOVER, Ada Pellegrini; BRAGA, João Ferreira. Um estudo de teoria geral do processo: admissibilidade e mérito no julgamento dos recursos. *RePro* 227/171-196.

15 Por todos, consulte-se MARINONI, Luiz Guilherme. *Precedentes obrigatórios*. São Paulo: Ed. RT, 2010. Desnecessário dizer que a menção, nem de longe corresponde a um, ainda que indireto, juízo crítico sobre as judiciosas ideias desenvolvidas em referida obra. Por outro modo de dizer, a alusão visa exclusivamente a destacar – se é que tal providência se faz necessária – o respeitável estudo em apreço.

16 Vide o Anteprojeto do novo CPC para o Brasil, outrora apresentado ao Senado Federal, e respectiva exposição de motivos. Informação disponível em:

prestação da tutela jurisdicional no Estado Democrático de Direito brasileiro.

6. UMA ÚLTIMA OBSERVAÇÃO

Como fonte remota do escrito, pode ser apontado trabalho de BARBOSA MOREIRA,[17] no qual se analisou, com a costumeira maestria, *indício* de correta mudança de orientação do STJ quanto aos juízos de admissibilidade e de mérito, respectivamente, no julgamento de recurso especial.

Caso essa nova e atualizada versão do estudo, enfim encerrada, seja digna de crédito, nada obsta a que se venha experimentar *auspiciosa* e ampla modificação de entendimento jurisprudencial, agora, em relação aos juízos aludidos no parágrafo anterior, em se tratando de mandado de segurança contra decisão judicial.

7. CONCLUSÃO

Prevê a CF/1988, a chamada Carta Cidadã, instrumento próprio para o controle de ações e omissões, por suposto, ilegais de agentes públicos ou de quem lhes faça as vezes – e sem distinção de classes, é bom que se diga – sejam tais práticas teratológicas ou não.

Haja vista a opção restritiva à recorribilidade de decisões jurisdicionais presente no NCPC, enfim aprovado no Senado pátrio, afirma-se que o tema comporta imediata releitura, sob a óptica constitucional assim também na perspectiva infraconstitucional.

Cogitada releitura teórica não tem outro intuito senão delimitar os juízos de admissibilidade e de mérito, em se tratando do emprego do remédio heroico contra ato judicial no Estado Democrático de Direito brasileiro.

<http://www.senado.gov.br/senado/novocpc/pdf/anteprojeto.pdf>. Acesso em: 20.01.2014.

17 Julgamento do recurso especial *ex* art. 105, III, a, da Constituição da República: sinais de uma evolução auspiciosa. *Temas de Direito Processual – 7ª Série*. São Paulo: Saraiva, 2001, p. 95-105.

Pensando melhor, admitida a releitura ora proposta, pode-se bem afirmar que a uniformidade interpretativa do direto, tão em voga no momento, e de que a detalhada e harmônica posição jurisprudencial retratada no escrito é exemplo, admite, com efeito, ressalvas.

A técnica de flexibilização procedimental disposta no NCPC não irá interferir (será mesmo?) no juízo de cabimento do mandado de segurança contra decisão jurisdicional.

8. REFERÊNCIAS

ANDRADE, Érico. As novas perspectivas do gerenciamento e da "contratualização" do processo. *Revista de Processo.* vol. 193. São Paulo: Ed. RT, mar. 2011.

ARAÚJO, José Henrique Mouta. Juizados Especiais Cíveis: do mandado de segurança ao valor da multa por descumprimento da ordem judicial. *Revista Dialética de Direito Processual.* n. 130. São Paulo: Dialética, jan. 2014.

BRASIL. Senado Federal. Anteprojeto do novo Código de Processo Civil. Informação disponível em: <http://www.senado.gov.br/senado/novocpc/pdf/anteprojeto.pdf>. Acesso em: 20.01.2014.

BRASIL. Senado Federal. Código de Processo Civil vai à sanção presidencial. Informação disponível em: <http://www12.senado.gov.br/noticias/materias/2014/12/17/codigo-de-processo-civil-vai-a-sancao-presidencial>. Acesso em: 17.12.2014.

BRASIL. Senado Federal. Quadro comparativo contendo o Texto Consolidado com os ajustes promovidos pela Comissão Temporária do Código de Processo Civil no Senado, o Substitutivo da Câmara dos Deputados (nº 8.046, de 2010, na Câmara dos Deputados), o Projeto de Lei do Senado nº 166, de 2010 (texto aprovado pelo Senado Federal) e o CPC vigente. Disponível em: <http://legis.senado.leg.br/mateweb/servlet/GetRTF?t=158926>. Acesso em 15.02.2015.

BRASIL. Senado Federal. Relatório do Senador Vital do Rêgo. Disponível em: <http://www12.senado.leg.br/noticias/arquivos/2014/11/27/veja-integra-do-relatorio-do-senador-vital-do-rego-1>. Acesso em: 28.11.2014.

BRASIL. Senado Federal. Texto-base do novo CPC é aprovado e destaques ficam para esta quarta. Informação disponível em:<http://www12.senado.gov.br/noticias/materias/2014/12/16/texto-base-do-novo-cpc-e-aprovado-e-destaques-ficam-para-esta-quarta>. Acesso em: 17.12.2014.

BARBOSA MOREIRA, José Carlos. Julgamento do recurso especial ex art. 105, III, a, da Constituição da República: sinais de uma evolução auspiciosa. *Temas de Direito Processual – 7ª Série.* São Paulo: Saraiva, 2011.

CÂMARA, Alexandre Freitas. Será o fim da categoria "condições da ação"? Uma resposta a Fredie Didier Jr. *Revista de Processo.* vol. 197. São Paulo: Ed. RT, jul. 2011.

CUNHA, Leonardo Carneiro da. A previsão do princípio da eficiência no projeto do novo Código de Processo Civil brasileiro. *Revista de Processo.* vol. 233. São Paulo: Ed. RT, jul. 2014.

DIDIER JR., Fredie. Apontamentos para a concretização do princípio da eficiência do processo. *NOVO CPC: reflexões e perspectivas.* Belo Horizonte: Del Rey, 2014.

GRINOVER, Ada Pellegrini; BRAGA, João Ferreira. Um estudo de teoria geral do processo: admissibilidade e mérito no julgamento dos recursos. *Revista de Processo.* vol. 227. São Paulo: Ed. RT, jan. 2014.

MARINONI, Luiz Guilherme. *Precedentes obrigatórios.* São Paulo: Ed. RT, 2010.

MEIRELES, Edilton. Dever de gestão processual adequada. *Revista Brasileira de Direito Processual.* n. 76. Belo Horizonte: Fórum, out./dez. 2011.

REDONDO, Bruno Garcia. Devido processo "legal" e flexibilização do procedimento pelo juiz e pelas partes. *Revista Dialética de Direito Processual.* n. 130. São Paulo: Dialética, jan. 2014.

SOARES, Leonardo Oliveira. Calendário processual, sucumbência recursal e o Projeto de novo CPC para o Brasil. *Revista de Processo.* vol. 227. São Paulo: Ed. RT, jan. 2014.

SOARES, Leonardo Oliveira. Flexibilização procedimental: afirmação do *due process of law*? *Revista dos Tribunais.* vol. 931. São Paulo: Ed. RT, maio 2013.

SOARES, Leonardo Oliveira. Isonomia em mandado de segurança: afirmação do princípio constitucional da separação de poderes no Brasil? *NOVOS ESCRITOS DE DIREITO PROCESSUAL: ENTRE PRESENTE E FUTURO.* Belo Horizonte: Del Rey, 2015.

SOARES, Leonardo Oliveira. Pronunciamento jurisdicional teratológico: pressuposto para o cabimento de mandado de segurança? *Revista Dialética de Direito Processual.* n. 89. São Paulo: Dialética, ago. 2010.

SOARES, Leonardo Oliveira. Sucumbência recursal no Estado Democrático de Direito brasileiro: estímulo à redução ou ao aumento de duração dos processos. *PRIMEIROS ESCRITOS DE DIREITO PROCESSUAL: faz escuro mas eu canto.* Belo Horizonte: Del Rey, 2013.

Texto final do Novo CPC é enviado à Presidência da República para sanção. Informação disponível em: <http://www.conjur.com.br/2015-fev-24/texto-final-cpc-enviado-presidencia-republica-sancao>. Acesso em: 05.03.2015.

Capítulo V

REGIME GERAL RECURSAL DO NCPC

DUAS RESTRIÇÕES, NO FUTURO CPC, AO EXERCÍCIO DO DIREITO CONSTITUCIONAL AO RECURSO[1]

A irresignação que as decisões desfavoráveis causam no espírito do vencido também justifica a noção de um sistema recursal. Com efeito, é da própria natureza humana não se conformar com a decisão que beneficia o adversário, especialmente a primeira. Daí a conveniência de se conferir ao inconformado algum remédio jurídico capaz de tornar insubsistente a decisão causadora de sua insatisfação. Evita-se, assim, pelo menos em tese, que a irresignação dê azo a expedientes maléficos ao Estado, como a inaceitável manifestação de inconformismo contra a própria pessoa do juiz. (Bernardo Pimentel Souza. *Introdução aos Recursos Cíveis e à Ação Rescisória.* 10 ed. São Paulo: Saraiva, 2014).

1. INSISTÊNCIA COM O TEMA

Versão primitiva do escrito, de ordem exclusivamente teórica, foi divulgada outrora em periódico especializado.[2]

Naquela oportunidade, o Anteprojeto de CPC brasileiro nem mesmo havia sido disponibilizado à comunidade jurídica.

---

1 Publicado na *Revista Dialética de Direito Processual*. n. 148, jul. 2015. Texto revisto e corrigido.

2 Primeiras considerações sobre a denominada sucumbência recursal no Estado de Direito Transnacional. *Revista IOB de Direito Civil e Processo Civil*. n. 66, jul./ago. 2010.

Considerado o encerramento da respectiva tramitação legislativa, com a consequente sanção da Lei 13.105/2015,[3] entendeu-se oportuno reexaminar a matéria, haja vista que o tema de que se vai tratar – sucumbencial recursal – foi contemplado:

a) no art. 73, § 6.º, do texto outrora apresentado ao Congresso Nacional pela comissão de juristas incumbida de tal mister;
b) no art. 87, § 7.º, do Substitutivo (PLS 166/210) votado em 15 de dezembro de 2010 no Senado Federal;
c) no art. 85, § 11º, da Consolidação normativa (PL 8.046/2010) aprovada em 26 de março de 2014 na Câmara dos Deputados e, finalmente,
d) no art. 85, § 11º, do texto definitivo votado pelo Senado Federal em dezembro de 2014, e sancionado pela Presidência da República, em 16 de março de 2015, sob a forma da Lei 13.105/2015, publicada no Diário Oficial da União, em 17 de março de 2015.

Ou seja, e ainda que com ligeira variação de redação, em todas as votações pertinentes no Congresso, a inovação restou disciplinada e acolhida.

Daí a apresentação do presente estudo.

Dito isso, segue a introdução propriamente do trabalho.

2. INTRODUÇÃO

O instituto sobre que se vai discorrer toca de perto aos limites e possibilidades de concretização da denominada celeridade processual.

Aspiração (será mesmo?) de todos aqueles que se encontram envolvidos com os sistemas públicos atuais de distribuição de justiça. Com efeito, não é de hoje que se vê o legislador às voltas com

3 Em 16 de março de 2015, foi sancionado o novo CPC, que restou publicado no Diário Oficial da União, em 17 de março de 2015, sob a forma da Lei 13.105/2015. A notícia recebeu a seguinte chamada em sítio eletrônico especializado: Com pelo menos sete vetos, Dilma Rousseff sanciona novo CPC. Disponível em: <http://www.conjur.com.br/2015-mar-16/vetos-dois-artigos-dilma-sanciona-cpc>. Acesso em: 06.04.2015.

o dilema entre os valores a serem concretizados em dado sistema jurídico. De um lado, a ideia de justiça, a reclamar o direito à revisão do pronunciamento estatal a fim de alcançar-se decisão justa. De outro, a celeridade, a exigir que a prestação da tutela jurisdicional ocorra no menor espaço de tempo possível, para o que concorrerá a limitação do número de recursos. O direito pátrio, decerto, não foge a essa regra.

Nesse contexto,[4] não causa maior estranheza que o Congresso Nacional brasileiro tenha disciplinado, no âmbito da justiça comum, a chamada sucumbência recursal.[5]

Isso porque, no microcosmo dos Juizados Especiais, já se encontra disciplina própria, é verdade, para a matéria, consoante art. 46 da Lei 9.099/95, aplicável subsidiariamente aos processos regidos, de modo prioritário, pelas Leis 10.259/2011 e 12.153/09, respectivamente.

Por intermédio da proposta, apressa-se em dizer, o pagamento de honorários advocatícios imposto ao vencido em primeiro grau de jurisdição sofrerá acréscimo, na hipótese de a fundamentação veiculada em recurso de apelação deixe de ser acolhida (*rectius*: caso o recurso não seja conhecido ou provido).

Oportuno, aqui, mencionar, uma vez mais, que, à época em que fora redigida a versão primeira do artigo, o Anteprojeto de CPC ainda não havia sido divulgado.

---

4 A Associação dos Magistrados Brasileiros enviou outrora proposta de lei para combater a morosidade dos processos (*rectius:* na prestação da tutela jurisdicional), a partir da incidência de juros em dobro nos casos de recurso improvido (Projeto de lei do Senado 133/2004). A penalidade, registra-se, não seria aplicável aos recursos de agravo e embargos declaratórios. Em 15 de dezembro de 2010, a análise do assunto restou prejudicada em virtude de aprovação pelo Senado Federal do substitutivo ao PLS 166/2010, que institui novo Código de Processo Civil. Disponível em: <http://www.senado.gov.br/atividade/materia/detalhes.asp?p_cod_mate=67721>. Acesso em: 21.09.2011.

5 Em prol do instituto, veja-se FUX, Luiz. *Curso de Direito Processual Civil.* 4. ed. Rio de Janeiro: Forense, 2008. vol. 1, p. 475 e 476. Ponto de vista intermediário, com proposta de redação de texto para disciplinar o assunto, pode ser lido em MARINONI, Luiz Guilherme; MITIDIEDORO, Daniel. *O PROJETO DE CPC. Críticas e Propostas.* São Paulo: Ed. RT, 2010, p. 82.

Não se tinha, portanto, ciência de que a interposição (leia-se: a rejeição) de outros recursos, *v.g.*, o especial e o extraordinário poderia acarretar consequências de ordem patrimonial.

Daí a abordagem outrora desenvolvida haver se limitado à apelação, espécie de recurso por meio de que, não raro, será exercido o direito ao recurso. De todo modo, em virtude de se tratar de questionamento de ordem jurídico/sistêmica, a argumentação desenvolvida ao longo do trabalho aplicar-se-á, em princípio, às espécies recursais afins.

Pois bem. Não se trata de discutir se o valor celeridade, de ordem constitucional, é certo, deva ser privilegiado. Muito menos de sustentar que o sistema brasileiro de impugnação de decisões não se apresente, por assim dizer, "inchado."

O reconhecimento, contudo, de que se deva, sim, reformular tal sistema não corresponde, em absoluto, a aquiescer com toda e qualquer proposta de mudança. Ademais, vale ressaltar, a produção de efeitos jurídicos de decisões jurisdicionais não se prende necessariamente a sua irrecorribilidade, ou a não interposição do recurso previsto em lei.

Realmente, mesmo quando se insurja o sucumbente, poderá o recorrido exigir a imediata efetivação do comando judicial, na hipótese de o recurso cabível não apresentar aptidão para prolongar a ineficácia primitiva da decisão. Entendimento, aliás, que fora adotado pela respeitável comissão de juristas outrora encarregada de elaborar o Anteprojeto de CPC, no que se refere à ausência de "efeito suspensivo"[6] à apelação, conforme art. 928 do texto de lei à época confeccionado. De outro lado, nada obstante a orientação primitiva, vale destacar que,

[6] Na sempre respeitadíssima lição de BARBOSA MOREIRA: "a expressão "efeito suspensivo" é, de certo modo, equívoca, porque se presta a fazer supor que só com a interposição do recurso passem a ficar tolhidos os efeitos da decisão, como se *até esse momento* estivesse eles a manifestar-se normalmente. Na realidade, o contrário é que se verifica: mesmo antes de interposto o recurso, a decisão, pelo simples fato de estar-lhe sujeita, é ato *ainda* ineficaz, e a interposição apenas prolonga semelhante ineficácia, que *cessaria* se não se interpusesse o recurso" (grifos no original). *Comentários ao Código de Processo Civil.* 14. ed. rev. e atua. Rio de Janeiro: Forense, 2008. vol. V, p. 265.

após a votação na Câmara dos Deputados, a regra do "duplo efeito" restou prestigiada no art. 1.025 do CPC projetado, sendo tal "duplicidade" preservada no art. 1.012 do NCPC.

Presentes essas considerações iniciais, propõe-se examinar a compatibilidade do denominado ônus recursal com o princípio do duplo grau de jurisdição, sob a óptica do Estado de Direito transnacional.

Sem perder de vista cogitado paradigma estatal, ao término do estudo, será feito, ainda, breve comentário específico, relacionando referido ônus à remessa oficial, disciplinada no art. 496 do NCPC.

3. ESTADO DE DIREITO TRANSNACIONAL

Estado assim qualificado compreende sistema jurídico cujas garantias, inclusive as de ordem processual, devem ser analisadas considerando-se três níveis normativos distintos.

Esse, pois, o enfoque, com a observação abaixo explicitada, da abordagem que se empreenderá sobre o princípio do duplo grau de jurisdição.

No caso específico do direito brasileiro, tal empreitada se fará com os olhos postos no Texto Constitucional vigente e no da Convenção Americana de Direito Humanos, o denominado Pacto de São José da Costa Rica, do qual o Brasil é signatário.

É fato que o NCPC já foi sancionado.

No entanto, e aí a observação pontuada, entendeu-se por bem preservar, no particular, o posicionamento desenvolvido na versão original do escrito, a fim de enfatizar, salvo melhor juízo, a incompatibilidade teórica do instituto da sucumbência recursal – com o Estado de Direito em evidência.[7]

Opção, a rigor, que em nada prejudicará as conclusões propositivas a que se vai chegar.

---

7 Em defesa do instituto, sem, contudo, trabalhar com o modelo de Estado em tela, consulte-se ROCHA, Felippe Borring. Considerações iniciais sobre a teoria geral dos recursos no novo Código de Processo Civil. *REDP*. vol. 7, jan./jun. 2011, p. 41. Disponível em: <http://www.redp.com.br/arquivos/redp_7a_edicao.pdf>. Acesso em 23.11.2011.

De fato, pois, o futuro Código de Processo Civil brasileiro, como, de resto, todo o arsenal legislativo pátrio deve estar em consonância com as diretrizes a seguir delineadas.

4. PRINCÍPIO DO DUPLO GRAU DE JURISDIÇÃO: GARANTIA CONSTITUCIONAL?

Pode-se começar o item com a seguinte indagação: a Constituição vigente contempla o princípio do duplo grau de jurisdição? Como resposta, pontua-se que o problema não é tanto saber se aludido princípio está ou não previsto na Lei Maior, mas estabelecer o seu alcance, já que não há princípio, constitucional ou não, absoluto.[8]

E para levar a cabo esse mister, sugere-se que outro princípio, inquestionavelmente de estatura constitucional, a saber, o da inafastabilidade (art. 5.º, XXXV), seja analisado. Isso porque o direito a que se aprecie alegação de lesão ou de ameaça a direito pode encontrar como substrato exatamente esta ou aquela decisão jurisdicional. Ou seja, a lesão poderá decorrer de pronunciamento judicial. Daí, em respeito ao princípio constitucional da inafastabilidade, deverá ser submetido à reapreciação, via recurso.

Com efeito, o acesso à justiça (leia-se: ao Poder Judiciário) não coloca citado Poder, encarregado precisamente de aplicar a lei – os comandos normativos elaborados segundo o devido processo legislativo – acima dos demais Poderes que compõem a República Federativa do Brasil.[9] Sim, a desejada harmonia constitucional entre eles não tolera essa diferenciação (art. 2.º da CF/1988). Pode mesmo dizer-se que a opção pelo sistema político democrático (art. 1.º da CF/1988),

---

8 O princípio constitucional da dignidade da pessoa humana (art. 1º, III), base da vedação de se instituírem penas degradantes (art. 5º, XLVII, alienas b), c), d) e e) da CF/1988) não impede que, em situação excepcionalíssima, o direito à vida seja sacrificado, conforme alínea a) de mencionado inciso.

9 Não se desconhece a noção de processo justo tão difundida na doutrina processual moderna. Apenas se buscou acentuar um dos tantos prismas do denominado acesso à justiça. A título ilustrativo do pensamento doutrinário em destaque, vide THEODORO JR, Humberto. A constitucionalização do processo no Estado Democrático de Direito brasileiro. *NOVO CPC: reflexões e perspectivas.* Belo Horizonte: Del Rey, 2014, p. 172-175.

apoiada no princípio constitucional de separação dos Poderes (*rectius:* funções), tem lá o seu preço.

O princípio do duplo grau de jurisdição comporta, ainda, uma outra abordagem.

5. PRINCÍPIO DO DUPLO GRAU DE JURISDIÇÃO NO ÂMBITO DA CONVENÇÃO AMERICANA DE DIREITOS HUMANOS

No julgamento do RE 466.433, de relatoria do Ministro Cézar Peluso, o plenário do Supremo Tribunal Federal, de modo unânime, afastou o cabimento de prisão do depositário infiel. O fundamento central da decisão, qual seja a força normativa emprestada à Convenção Americana de Direito Humanos, servirá, pois, de base para o desenvolvimento do tópico.

Diz-se isso porque, em respeitável obra doutrinária atual,[10] delimitou-se o duplo grau de jurisdição ao processo penal. Inclusive, mencionando-se precedente do pleno do STF (RO em HC 79.785-7-RJ, julgado em 29 de março de 2000, rel. Min. Sepúlveda Pertence), no qual se conferira a citada Convenção força normativa diversa da que serviu de base para a decisão mais recente.

É verdade que, no julgamento do RE 466.433,[11] não se reconheceu imediatamente *status* constitucional a tratados e convenções de direitos humanos aos quais o Brasil já tenha emprestado adesão.

Caminhou-se, entretanto, no sentido de que tais diplomas legais, antes de adquirirem tal atributo, na forma do art. 5.º, § 3.º, da CF/1988, inserem-se no direito pátrio qualificados como supralegais. Ou seja, hierarquicamente superiores à legislação infraconstitucional, sem que, contudo, equiparem-se a normas constitucionais. Para usar de conhecida expressão popular, pode dizer-se que a decisão, no ponto, estabeleceu: "nem tanto à terra, nem tanto ao mar."

---

[10] NERY JR, Nelson. *Princípios do processo na Constituição Federal*. 9. ed. São Paulo: Ed. RT, 2009, p. 283.

[11] Vide o enunciado nº. 419 de súmula de jurisprudência do STJ. No STF, o tema foi objeto de PSV (proposta de súmula vinculante), que restou consagrada na súmula n. 25, aprovada pelo plenário em 03 de dezembro de 2009.

Como não se procedeu à equiparação imediata, mostra-se oportuno indagar porque a autorização de prisão de depositário infiel, melhor dizendo, porque a legislação infraconstitucional disciplinadora da matéria cedeu lugar à vedação existente no art. 7.º, 7., do Pacto em apreço.

A resposta se apoia no princípio *pro homine,*[12] Vale dizer: no cotejo entre a legislação interna e os tratados e convenções de direitos humanos deve prevalecer a interpretação mais benéfica ao homem.

Que relação haverá entre esse julgamento histórico e o tema em exposição? Ora, se se afastou a regulamentação de mandamento constitucional expresso (art. 5.º, LVII), não se pode deixar de considerar a garantia de duplo exame de decisões, prevista no art. 8.º, 2., h, da Convenção em análise, ao se falar da instituição de sucumbência recursal. A respeito, merece reflexão judiciosa passagem doutrinária, na qual se destacou que:

> Considerando-se que o Estado Constitucional de Direito conta com uma tríplice fonte normativa (Constituição Federal, Tratados, Convenções e Pactos de Direito Internacional dos Direitos Humanos e legislação ordinária), já não se pode estudar o princípio do devido processo legal e suas garantias mínimas sem que sejam levados em conta esses três diversos níveis normativos.[13]

Nem se alegue, com base em interpretação literal, que a Convenção restringiu o duplo grau apenas às sentenças proferidas na esfera penal. De fato, sendo cogitado direito desdobramento das garantias constitucionais do contraditório e da ampla defesa, a interpretação incorreria no grave inconveniente de distinguir o princípio constitucional do devido processo legal, segundo a natureza da pretensão deduzida em juízo. Sequer a diferenciação fundada no tipo de sanção que pode ser aplicada numa e noutra área autoriza a distinção. Primeiro, porque, em muitos processos penais, a decisão condenatória não contemplará pena restritiva de liberdade, não sendo de todo improvável

---

12 Quanto à irrelevância de critério hierárquico entre normas, apoiada no princípio em apreço, vide GOMES, Luiz Flávio; MAZZUOLI, Valério de Oliveira. *Comentários à Convenção Americana sobre Direitos Humanos. Pacto de San José da Costa Rica*. 2. ed. rev., ampl. e atua. São Paulo: Ed. RT, 2009, p. 16-17.

13 GOMES, Luiz Flávio; MAZZUOLI, Valério de Oliveira. cit., p. 73.

que nem se chegue a impor qualquer espécie de sanção ao réu, *v.g.*, em virtude de prescrição da pretensão punitiva. Segundo, porque, no âmbito civil, há processos, por exemplo, nos quais se discutem os limites da obrigação do Poder Público na área de saúde, em que a decisão poderá repercutir diretamente no direito à vida.

Em resumo, no transnacional Estado de Direito brasileiro, por força do princípio *pro homine,* todo aquele que vier a ser atingido por decisão judicial, na esfera civil não menos que na penal, faz juz a reexame do pronunciamento.

Com efeito, eis que, no caso, a possibilidade de insurgir-se contra decisão desfavorável atenderá a inerente sentimento de todo aquele a quem se imponha determinada obrigação ou se negue determinado direito.[14]

Vale, agora, observar o outro lado da moeda.

6. PRINCÍPIO CONSTITUCIONAL DA CELERIDADE: TEMPO E JURISDIÇÃO

Por força da emenda constitucional n.º 45, o direito a julgamento rápido, sem dilações indevidas, foi recentemente incluído no rol dos direitos fundamentais (art. 5.º, LXXVIII).[15] A Convenção Americana de Direitos Humanos, por sua vez, prevê idêntico direito em seu art. 8., 1. Sem prejuízo do que se acaba de destacar, o tema celeridade processual será explorado noutra perspectiva. Ei-la.

Do mesmo modo que se extraiu o direito ao recurso do princípio da inafastabilidade, pode fazer-se em relação à celeridade processual. Explica-se. O acesso à justiça pressupõe não apenas o ingresso, mas também sua utilidade. E esta pode ser aferida a partir do seguinte critério: há de ser mínimo o tempo de espera para que possa haver acertamento e eventual satisfação de determinado direito. Realmente, quem dá os meios se compromete com os fins. E o não atendimento

---

14 SOUZA, Bernardo Pimentel. *Introdução aos Recursos Cíveis e à Ação Rescisória.* 10 ed. São Paulo: Saraiva, 2014, p. 43-44.

15 A respeito, veja-se SOARES, Leonardo Oliveira. O caráter dúplice do direito de ação e a efetividade da tutela executiva no Estado Democrático de Direito brasileiro. *RBDPro* 76/83.

ao fim almejado pode ensejar problema de outra ordem e maior gravidade: retirar do processo jurisdicional sua legitimidade como meio civilizado de solução de conflitos.

Em síntese, a Carta Política brasileira sempre contemplou o valor celeridade processual.

Vistos os dois lados da moeda, é chegado o momento de posicionar-se sobre a compatibilidade da inovação na área dos recursos prevista no NCPC com o princípio do duplo grau de jurisdição.

7. SUCUMBÊNCIA RECURSAL E IRRECORRIBILIDADE

De pronto, será dito que a previsão de majoração de honorários advocatícios sucumbenciais não impede a interposição de recurso. Tal assertiva, com efeito, não comporta reparo, eis que se constitui em pressuposto para a imposição do acréscimo em evidência a previsão normativa de cabimento de recurso.

Assim, se o núcleo do direito fundamental ao recurso será preservado, por que não dotar o sistema processual de mecanismo que vise a coibir o *exercício abusivo* de referido direito?[16] Por que não valorizar o princípio constitucional da celeridade processual? Por que não introduzir, no processo, meio para se combaterem os efeitos nocivos do tempo, essa chaga, que mais cedo ou mais tarde fulmina inclusive nossa existência? Para a vida, vale o conhecido e sábio ditado: o que não tem remédio remediado está. Pede-se licença para transportar, ainda que com alguma adaptação, esse ditado para o campo do processo e, dessa maneira, finalizar a exposição. Isso porque, no plano lógico, a mesma relação de inevitabilidade presente entre os termos morte e vida (ai de nós!) será encontrada quando se pense em recurso (a possibilidade de seu exercício) e processo jurisdicional de Estado, no caso, o brasileiro, cuja Constituição proclama democrático de direito. O reparo vai para a certeza que envolve a segunda parte da colocação, pois, no plano processual, haverá (a certeza) de limitar-se apenas à possibilidade do exercício do direito ao recurso.

---

[16] Lembra-se de que, no CPC de 73, há previsão genérica (art. 17, inc. VIII) e outras específicas (*v.g.*, artigos 538, parágrafo único e 557, § 2.º, nesses casos, de duvidosa constitucionalidade) para sancionar a litigância de má-fé no campo recursal.

Não se trata, claro fique, de opor-se à busca de solução consensual dos conflitos. Filosofia conciliatória, aliás, que orientou a elaboração do Anteprojeto de CPC apresentado ao Congresso Nacional, eis que prevista a "obrigatória" realização de audiência de conciliação (art. 333). Orientação, a rigor, que acabou por prevalecer, pois disciplinada cogitada audiência no texto final, enfim sancionado, no qual se prevê a possibilidade de aplicar-se penalidade, sob certas condições, à parte ausente, consoante art. 334, § 8.º, do NCPC. [17]

Sem prejuízo do que se acaba de expor, afirma-se apenas que, ao iniciar do processo, devem as partes, autora e ré, dispor de idêntica possibilidade de recorrer da decisão futura e, sob certo sentido, incerta, que venha a ser dada ao conflito. Até porque, vá a obviedade, ninguém pode ser compelido a transacionar.[18]

Possibilidade, frisa-se, justificada, também, pelo teor das legislações material e processual atuais,[19] nas quais cada vez mais se

---

17 Sobre o ponto, confira-se objeção em SOARES, Leonardo Oliveira. Nova definição de sentença? *NOVOS ESCRITOS DE DIREITO PROCESSUAL: ENTRE PRESENTE E FUTURO.* Belo Horizonte: Del Rey, 2015, p. 108-111, especialmente nota de rodapé n. 7, à p. 110.

18 A indisponibilidade de direitos pode estar atrelada à pessoa (indisponibilidade subjetiva), caso em que, somente mediante autorização legal, poderá haver transação, tal como ocorre em relação às pessoas jurídicas de direito público (vide art. 10, parágrafo único, da Lei 10.259/01, que disciplina o procedimento dos Juizados Especiais Federais e art. 8.º da Lei 12.153/09, que instituiu os Juizados Especiais da Fazenda Pública no âmbito dos Estados, do Distrito Federal, dos Territórios e dos Municípios).

19 Como o cabimento de agravo ficará restrito a situações específicas, conforme art. 1.015 do NCPC, as demais decisões interlocutórias proferidas no desenrolar do procedimento, que admitirá variação segundo as peculiaridades do caso concreto, serão reexaminadas (quer-se dizer, poderão ser examinadas) como matéria preliminar quando da interposição de apelação. A denominada flexibilização procedimental restou, a nosso ver, acertadamente afastada na votação do PLS 166/2010 no Senado Federal. Sobre o ponto, consulte-se SOARES, Leonardo Oliveira. O prazo prescricional das ações (pretensões) indenizatórias propostas contra o Poder Público no Estado Democrático de Direito brasileiro. *RePro* 195/139-140, Flexibilização procedimental: afirmação do *due process of law*? *RT* 931. Mais recentemente, à luz da roupagem que o instituto recebeu na Câmara dos Deputados, mantida no texto final enviado à sanção presidencial, vide Calendário Processual, sucumbência recursal e o Projeto de novo CPC para o

deparam conceitos indeterminados e princípios a serem concretizados no processo.

Em suma, o valor constitucional da celeridade, e nenhum outro, diga-se de passagem, pode sobrepor-se à ordem natural das coisas.

Não há, portanto, espaço para a instituição de ônus recursal no transnacional Estado de Direito brasileiro.[20]

8. LEGÍTIMA RESTRIÇÃO SISTÊMICA (IMPLÍCITA?) À INTERPOSIÇÃO DE RECURSOS NO NCPC

Nem de longe, considera-se o processo jurisdicional pátrio como um jogo.

Apenas se pretendeu enfatizar, no tópico anterior, que a garantia constitucional de participação em contraditório no processo autoriza ambas as partes a nutrir legítima expectativa de obter êxito na causa. Expectativa, ocioso dizer, que bem poderá ser atendida a partir do reexame do feito.

Daí a relevância conferida ao exercício do direito constitucional ao recurso.

Por outro lado, não se nega que, ao assegurar às partes o direito de influenciar o desfecho da demanda e vedar as denominadas decisões surpresa, o art. 10 do NCPC poderá ensejar, ao fim e ao cabo, a diminuição no manejo de recursos.

Brasil. *RePro* 227, jan. 2014. Ao propósito da irrecorribilidade imediata das interlocutórias, confira-se DIDIIER JR, Freddie. Preclusão e decisão interlocutória. Anteprojeto do Novo CPC. Análise da proposta da Comissão. Disponível em: <http://www.frediedidier.com.br/main/noticias/detalhe.jsp?CId=397>. Acesso em: 18.03.2010.

20 Atento ao sábio conselho popular, segundo o qual mais vale prevenir que remediar, salienta-se que a OAB-SP – entidade representativa dos interesses dos advogados (privados e públicos) do maior estado da Federação brasileira – posicionou-se oficialmente de forma contrária ao ponto, sob alegação (acertada) de que se trata de medida de cunho autoritário. No manifesto então apresentado pela entidade, o item de que se cuida no texto é o de n. 9, dentre os 13 questionados no documento cuja íntegra pode ser lida em: <http://www.oabsp.org.br/noticias/2010/11/03/6540>. Acesso em: 12.04.2011. Destaca-se, ainda, que o fato de a Lei 9.099/95, em seu art. 46, contemplar o instituto sob diversa roupagem não leva à conclusão de que a inovação se afigure compatível com o devido processo legal. Afinal, (vá outra sábia advertência popular!) um erro não justifica outro.

Nesse caso, porém, o desestímulo se concretizará de modo compatível com o Estado Democrático e transnacional de direito, pois o fundamento (subjetivo?) da inibição corresponderá ao fato de os destinatários da decisão se enxergarem como respectivos coautores do pronunciamento.[21]

Ao propósito, confira-se lição extraída de atualíssima obra doutrinária, segundo a qual o NCPC:[22]

> (...) parte de premissa de cooperação/comparticipação entre juiz e partes (e seus advogados), idealizada pela doutrina tedesca e que, se levada a sério, conduzirá à idealização de uma nova forma de implementação da cognição ao se perceber que um debate bem feito conduz à redução do tempo processual e à formação de decisões mais bem construídas, com a decorrente diminuição da utilização de recursos.

Feita a ponderação, o tema central objeto de estudo acena ainda para uma última análise.

Ei-la, introduzida por uma interrogação.

9. E O REEXAME NECESSÁRIO?

O cabimento da remessa oficial vem sofrendo sensível restrição nos últimos anos. Sirvam de exemplos as exclusões positivadas pela Lei 10.352/2001.

Nem por isso, entretanto, o instituto fora alijado das discussões ao tempo da tramitação legislativa do NCPC.[23] Com efeito, já que se

---

21 De passagem, abordou-se este último ponto in SOARES, Leonardo Oliveira. Nova definição de sentença. *NOVOS ESCRITOS DE DIREITO PROCESSUAL: ENTRE PRESENTE E FUTURO.* Belo Horizonte: Del Rey, 2015, p. 113, nota de rodapé n. 13.

22 BAHIA, Alexandre Franco Melo; NUNES, Dierle; QUINAUD PEDRON, Flávio e THEODORO JR. Humberto. *NOVO CPC. Fundamentos e Sistematização.* Lei 13.105, de 16.03.2015. 2 ed. rev., atual. e ampl. Rio de Janeiro: Forense. 2015, p. 95.

23 De outro lado, registra-se que, durante a tramitação da matéria na Câmara dos Deputados, o renomado Instituto Brasileiro de Direito Processual apresentou proposta de futuro CPC, no qual a remessa fora abolida. A rigor, na qual todos os denominados "privilégios" processuais da Fazenda Pública restaram afastados.

cuidou do tema no art. 478 do Anteprojeto de novo Código apresentado ao Congresso Nacional, no art. 483 do PLS 166/2010 votado no Senado Federal, no art. 507 da Consolidação normativa aprovada na Câmara dos Deputados, e, por fim, no art. 496 do texto final sancionado e dado a público no Diário Oficial de 17 de março de 2015.

Dessa maneira, e sem prejuízo das objeções teóricas de ordem geral já apresentadas à sucumbência recursal, desde quando presente o reexame, *v.g.*, em se tratando de sentenças contrárias ao Poder Público proferidas em ações declaratórias ou constitutivas sem conteúdo econômico imediato, crê-se que não haverá espaço para fazer incidir sobre o Estado (*rectius:* sobre a coletividade) o ônus em exame. Ao menos em sede de reapreciação em 2º grau de jurisdição. Sim, pois os autos, em situações tais e noutras previstas no NCPC, irão ser enviados ao Tribunal competente para proceder à reapreciação da causa, tenha ou não sido interposta a apelação (art. 496, § 1.º, do NCPC). Por outras palavras, o prolongamento do procedimento – medida que se pretende evitar com a previsão de majoração de honorários, na órbita dos recursos – independerá de manifestação volitiva (interposição de recurso) da pessoa jurídica de direito público.

Sem contar, por fim, que a atuação das Procuradorias, aí incluídas as hipóteses de dispensa de recurso, submete-se ao princípio constitucional da legalidade (democrática).

10. CONCLUSÕES

Sob a óptica constitucional e transnacional, a possibilidade do exercício do direito fundamental ao recurso se constitui em afirmação do devido processo legal.

Com o mais absoluto respeito aos defensores da chamada sucumbência recursal, subjacente à proposta de instituí-la se encontra a premissa de que o processo deve servir, primeiramente, ao Estado, já que instrumento por meio de que a tutela jurisdicional é prestada.

Sobre o tema, vide SOARES, Leonardo Oliveira. O princípio da isonomia, o Projeto de CPC e uma singela constatação. *RJ* 430.

Em reverência ao princípio *pro homine*, antes de servir ao Estado, deve o processo jurisdicional, como, de resto, o Direito servir ao homem.

De outro lado, é legítimo e de todo compatível com o Estado demarcado no escrito inserir no plano da legislação infraconstitucional comando normativo voltado à efetiva construção participada de decisões, capaz, por isso, de ensejar, ao menos em tese, a diminuição de recursos.

Nada obstante a incompatibilidade teórica versada no trabalho, os casos de reexame necessário contemplados no NCPC afastam, por si só, a incidência do ônus recursal, na hipótese de haver sido interposto o recurso de apelação pela pessoa jurídica de direito público.

11. REFERÊNCIAS BIBLIOGRÁFICAS

BAHIA, Alexandre Franco Melo; NUNES, Dierle; QUINAUD PEDRON, Flávio e THEODORO JR. Humberto. NOVO CPC. *Fundamentos e Sistematização. Lei 13.105, de 16.03.2015.* 2 ed. rev., atual. e ampl. Rio de Janeiro: Forense. 2015.

BARBOSA MOREIRA, José Carlos. *Comentários ao Código de Processo Civil.* 14. ed. rev. e atual. Rio de Janeiro: Forense, 2008. vol. V.

BRASIL. Senado Federal. PLS – PROJETO DE LEI DO SENADO, Nº 133 de 2004. Informação em: <http://www.senado.gov.br/atividade/materia/detalhes.asp?p_cod_mate=67721>. Acesso em: 21.09.2011.

Com pelo menos sete vetos, Dilma Rousseff sanciona novo CPC. Disponível em: <http://www.conjur.com.br/2015-mar-16/vetos-dois-artigos-dilma-sanciona-cpc>. Acesso em: 06.04.2015.

DIDIIER JR., Freddie. Preclusão e decisão interlocutória. AnteProjeto do Novo CPC. Análise da proposta da Comissão. Disponível em: <http://www.frediedidier.com.br/main/noticias/detalhe.jsp?CId=397>. Acesso em: 18.03.2010.

FUX, Luiz. *Curso de Direito Processual Civil.* 4. ed. Rio de Janeiro: Forense, 2008. vol. 1.

GOMES, Luiz Flávio; MAZZUOLI, Valério de Oliveira. *Comentários à Convenção Americana sobre Direitos Humanos. Pacto de San José da Costa Rica.* 2. ed., rev., ampl. e atual. São Paulo: Ed. RT, 2009.

MARINONI, Luiz Guilherme; MITIDIERO, Daniel. O PROJETO DE CPC, CRÍTICAS E PROPOSTAS. São Paulo: Ed. RT, 2010.

NERY JR, Nelson. *Princípios do processo na Constituição Federal.* 9 ed. São Paulo: Ed. RT, 2009.

ORDEM DOS ADVOGADOS DO BRASIL – SEÇÃO DE SÃO PAULO. Presidentes de subsecçõesdivulgam manifesto e criticam novo Projeto do CPC. Disponível em: <www.oabsp.org.br/noticias/2010/11/03/6540>. Acesso em: 12.04.2011.

ROCHA, Felippe Borring. Considerações iniciais sobre a teoria geral dos recursos no novo Código de Processo Civil. *Revista Eletrônica de Direito Processual.* vol. 7, jan./jun. 2011. Disponível em:<http://www.redp.com.br/arquivos/redp_7a_edicao.pdf>. Acesso em: 23.11. 2011.

SOARES, Leonardo Oliveira. Calendário Processual, sucumbência recursal e o Projeto de novo CPC para o Brasil. *Revista de Processo.* vol. 227. São Paulo: Ed. RT, jan. 2014.

SOARES, Leonardo Oliveira. Flexibilização procedimental: afirmação do *due process of law*? *Revista dos Tribunais.* vol. 931. São Paulo: Ed. RT, maio 2013.

SOARES, Leonardo Oliveira. Nova definição de sentença? *NOVOS ESCRITOS DE DIREITO PROCESSUAL: ENTRE PRESENTE E FUTURO.* Belo Horizonte: Del Rey, 2015.

SOARES, Leonardo Oliveira. O caráter dúplice do direito de ação e a efetividade da tutela executiva no Estado Democrático de Direito brasileiro. *Revista Brasileira de Direito Processual.* n. 76. Belo Horizonte: Fórum, out./dez. 2011.

SOARES, Leonardo Oliveira. O prazo prescricional das ações (pretensões) indenizatórias propostas contra o Poder Público no Estado Democrático de Direito brasileiro. *Revista de Processo.* vol. 195. São Paulo: Ed. RT, maio 2011.

SOARES, Leonardo Oliveira. O princípio da isonomia, o Projeto de CPC e uma singela constatação. *Revista Jurídica.* vol. 430. São Paulo: Síntese, ago. 2013.

SOARES, Leonardo Oliveira. Sucumbência recursal no Estado Democrático de Direito brasileiro: estímulo à redução ou ao aumento de duração dos processos? *Revista de Processo.* vol. 202. São Paulo: Ed. RT, dez. 2011.

SOUZA, Bernardo Pimentel. *Introdução aos Recursos Cíveis e à Ação Rescisória.* 10 ed. São Paulo: Saraiva, 2014.

THEODORO JR, Humberto. A constitucionalização do processo no Estado Democrático de Direito brasileiro. *NOVO CPC: reflexões e perspectivas.* Belo Horizonte: Del Rey, 2014.

Capítulo VI

A RECORRIBILIDADE DAS INTERLOCUTÓRIAS NOS JUIZADOS ESPECIAIS DA FAZENDA PÚBLICA À LUZ DO NCPC

RECORRIBILIDADE DE LIMINARES NA LEI 12.153/09 E REPERCUSSÃO GERAL: PROBLEMA DO LEGISLADOR, OU DOS OPERADORES DO DIREITO?[1]

> *Conforme a ideologia do momento, o que hoje se faz em prol do autor, poderá, amanhã, voltar-se contra ele (Ação e Defesa no Estado Democrático de Direito brasileiro atual: existe possibilidade de equilíbrio?* Leonardo Oliveira Soares. (*NOVOS ESCRITOS DE DIREITO PROCESSUAL: ENTRE PRESENTE E FUTURO*. Belo Horizonte: Del Rey, 2015).

1. INTRODUÇÃO

Em virtude do estádio avançado de implantação dos Juizados Especiais da Fazenda Pública,[2] e da proliferação de liminares, *v.g.*, nas demandas que versam pretensões na área da saúde, afigura-se

---

1 Publicado originalmente na *Revista Dialética de Direito Processual*. n. 149, ago. 2015. Texto revisto.

2 Segundo dispõe o art. 23 da Lei 12.1530/09: "Os Tribunais de Justiça poderão limitar, por até 5 (cinco) anos, a partir da entrada em vigor desta Lei, a competência dos Juizados Especiais da Fazenda Pública, atendendo à necessidade da organização dos serviços judiciários e administrativos". Publicada em 23 de dezembro de 2009, citada Lei entrou em vigor 6 meses após a sua publicação (art. 28 da Lei 12.153/09). Assim, a partir de julho de 2015, tais órgãos jurisdicionais deverão (será mesmo?) estar em pleno funcionamento.

oportuno tecer consideração sobre a recorribilidade de pronunciamentos antecipatórios de tutela proferidos em aludida seara jurisdicional, com ênfase para a contagem de prazo respectiva.

Linhas gerais, porque a regra específica presente na Lei 12.153/09 vem, aqui e ali, sendo deixada de lado, em prol de entendimento consolidado em enunciado do FONAJE, editado outrora, e para diversa realidade normativa, conforme se verá ao longo da exposição.

Daí, no momento em que se finalizou a votação do NCPC no Congresso pátrio,[3] e se aguarda a entrada em vigor respectiva, pode dizer-se, e com segurança, que os problemas atuais vivenciados pelos operadores do direito não se resumem à legítima inquietação de que se veem tomados estes últimos – nem todos, ou, para ser bem franco, nem mesmo muitos – em decorrência de iminente inserção em um, por assim dizer, diferenciado (melhor?) sistema público de distribuição de justiça.

Nada obstante o texto tenha em mira, de modo prioritário e imediato, o ordenamento jurídico em vigor, a ponderação, com efeito, tem lá sua razão de ser. De todo modo, haja vista se tratar de reflexão lançada a título introdutório, neste momento, pede-se a você, caro leitor, um tantinho de paciência, eis que se pretende oferecer-lhe elementos a partir dos quais, finda a leitura, poderá ou não ser emprestada adesão à reflexão ora em destaque.

Servirá de norte à exposição a forma como o tema – recorribilidade de certas interlocutórias – evoluiu no microcosmo, hoje, a englobar as Leis 9.099/95, 10.259/01 e 12.153/09, sem prejuízo de eventual aplicação subsidiária do CPC.

Ao término, além de responder à indagação formulada no título do escrito, uma proposta para lograr-se uniformização jurisprudencial da matéria será apresentada.

2. RECORRIBILIDADE DE LIMINARES NOS JUIZADOS ESPECIAIS CÍVEIS

Ao tempo da elaboração da Lei 9.099/95, não se dispensou maior atenção ao agravo. Em resumo, porque incompatível, por suposto, o

[3] Em 17 de março de 2015, foi publicada no Diário Oficial da União a Lei 13.105/2015, por meio da qual foi criado o NCPC brasileiro, cujo início de vigência ocorrerá em 18 de março de 2016.

recurso com a celeridade inspiradora do microssistema que se acabava de instituir. Ademais, a finalidade primeira da iniciativa era – e continua a ser – viabilizar a composição amigável dos conflitos.

À luz dessas premissas, mostrava-se mesmo de todo irrelevante a discussão sobre o termo *a quo* da contagem de prazo recursal.

Nesse contexto, e para garantir o expedito cumprimento de decisões provisórias satisfativas irrecorríveis, ao menos de plano, no XXI FONAJE, realizado entre os dias 30 de maio a 2 de junho de 2007, editou-se versão atualizada e ainda vigente do enunciado n. 13, pertinente aos prazos processuais e nestes termos redigido:

> Os prazos processuais nos Juizados Especiais Cíveis, contam-se da data da intimação ou ciência do ato respectivo, e não da juntada do comprovante da intimação, observando-se as regras de contagem do CPC ou do Código Civil, conforme o caso (nova redação – XXI Encontro – Vitória/ES).

Ainda quanto à impugnação de mencionadas interlocutórias, registra-se que o STF, no julgamento do RE 576.847/BA,[4] em regime de repercussão geral, estabeleceu que as liminares, nem são agraváveis, nem desafiam mandado de segurança.

Isso porque, no entender da Corte, tais decisões haveriam de ser reapreciadas como matéria preliminar de eventual recurso inominado interposto da sentença futura, sob pena de atentar-se contra a sistemática própria disposta na Lei 9.099/95. Como se o *decisum* provisório persistisse no mundo jurídico, após ser proferido o exauriente, pouco importando, no caso, a espécie de órgão jurisdicional de que tenham partido um e outro pronunciamentos.[5]

---

4 Crítica a esse entendimento pode ser lida em CÂMARA, Alexandre Freitas; REDONDO, Bruno Garcia. Da possibilidade de impugnação imediata de decisão interlocutória em juizado estadual: críticas ao posicionamento adotado no RE 576.847/BA. *RePro* 176.

5 A respeito da distinção entre os pronunciamentos provisório e final, confiram-se SOARES, Leonardo Oliveira. A garantia do devido processo legal e os regimentos internos dos Tribunais brasileiros: possível inferência. *RDCI* 82 e SOARES, Leonardo Oliveira. Agravo de instrumento e recurso ordinário em mandado de segurança contra pronunciamento judicial específico: uma distinção necessária e duas constatações. *RDDP* 129.

É verdade que para reconhecer-se a repercussão geral da matéria – recorribilidade das interlocutórias, no âmbito da Lei 9.099/95 – observou-se a disciplina estatuída no art. 324, parágrafo único, do RISTF,[6] segundo o qual: "Decorrido o prazo sem manifestações suficientes para recusado recurso, reputar-se-á existente a repercussão geral."

Seja como for, o assunto foi decidido sob a sistemática do art. 543-B do CPC, o que se mostrará relevante, consideradas as proposições de ordem prática e teórica apresentadas ao final do estudo.

3. QUESTIONAMENTO DE LIMINARES NOS JUIZADOS ESPECIAIS FEDERAIS

Com o advento da Lei 10.259/01, o problema adquiriu contorno diverso. De fato, pois aludido diploma normativo contemplou, expressamente, a admissibilidade do agravo para situação particularizada. Eis os dispositivos pertinentes:

> Art. 4º O Juiz poderá, de ofício ou a requerimento das partes, deferir medidas cautelares no curso do processo, para evitar dano de difícil reparação.
>
> Art. 5º Exceto nos casos do art. 4º, somente será admitido recurso de sentença definitiva.
>
> Art. 9º Não haverá prazo diferenciado para a prática de qualquer ato processual pelas pessoas jurídicas de direito público, inclusive a interposição de recursos, devendo a citação para audiência de conciliação ser efetuada com antecedência mínima de trinta dias.

Uma vez que a Lei em exame não estabeleceu o termo *a quo* para interposição de agravo, seria, por hipótese, admissível socorrer-se, no particular, do enunciado acima transcrito.

Realmente, pois se estaria, a rigor, a suprir lacuna legislativa, a partir de aplicação de posicionamento jurisprudencial majoritário no

---

6 Correspondente ao art. 324, § 1.º, do atual RISTF, nos termos de modificação levada a cabo pela Emenda Regimental n. 31/2009. Íntegra de mencionado ato normativo, atualizado até junho de 2014, encontra-se disponível em: <http://www.stf.jus.br/arquivo/cms/legislacaoRegimentoInterno/anexo/RISTF_Junho_2014_versao_eletronica.pdf>. Acesso em: 24.10.2014.

microcosmo então composto pelas Leis 9.099/95 e 10.259/01, além da eventual aplicação subsidiária do CPC.

Como se trata de simples notícia de cunho histórico/evolutivo, não se irá proceder a exame mais detido sobre o ponto.

É oportuno, então, dar prosseguimento à exposição.

4. IMPUGNAÇÃO DAS LIMINARES NOS JUIZADOS ESPECIAIS DA FAZENDA PÚBLICA

Passo seguinte, promulgou-se a Lei 12.153/09, a qual não só prevê a possibilidade de impugnação de liminares[7] como, outrossim, estatui a forma de contagem de prazo para tanto. Forma, no particular, que corresponde àquela prevista no CPC, ressalva feita à diferenciação de prazos. Uma vez mais, transcrevem-se os oportunos comandos legais:

> Art. 3.º O juiz poderá, de ofício ou a requerimento das partes, deferir quaisquer providências cautelares e antecipatórias no curso do processo, para evitar dano de difícil ou de incerta reparação.
>
> Art. 4.º Exceto nos casos do art. 3o, somente será admitido recurso contra a sentença.
>
> Art. 6.º Quanto às citações e intimações, aplicam-se as disposições contidas na Lei no 5.869, de 11 de janeiro de 1973 – Código de Processo Civil.
>
> Art. 7.º Não haverá prazo diferenciado para a prática de qualquer ato processual pelas pessoas jurídicas de direito público, inclusive a interposição de recursos, devendo a citação para a audiência de conciliação ser efetuada com antecedência mínima de 30 (trinta) dias.

Não é ora e muito menos se constitui em propósito do texto apontar e analisar as razões de ordens teórica e prática pelas quais o

---

[7] Em encontro de Juízes das Turmas Recursais do Estado de Minas Gerais, ocorrido entre os dias 30.09.2011 e 01.10.2011, na capital mineira, editou-se o enunciado n. 1, aprovado por maioria, é necessário dizê-lo, assim redigido: "O recurso cabível contra as decisões liminares no Juizado Especial da Fazenda Pública é o agravo de instrumento." Ao propósito do cabimento em evidência na esfera dos procedimentos regidos pelas Leis 9.099/95, 10.259/01e 12.153/09, consulte-se SOARES, Leonardo Oliveira. Ainda o princípio da confiança nos pronunciamentos jurisdicionais. *RePro* 218/190-191.

disposto no art. 6.º em tela está sendo relegado a segundo plano, em proveito de posicionamento jurisprudencial já detalhado no escrito.

Bem por isso, não se vai, aqui, particularizar o discurso, trazendo à balha casos concretos.

De outro lado, e independentemente dos motivos ensejadores da errônea aplicação em pauta, é fato que existe regra específica na Lei 12.153/09 atinente às citações e intimações. Ora, por mais que se deseje caminhar rumo ao universo do *commow law,* não se pode deixar de externar perplexidade materializada na seguinte indagação: qual o fundamento (jurídico) para que a regra elaborada segundo o devido processo legislativo ceda lugar à incidência de enunciado do FONAJE, editado para outra realidade normativa e, além disso, contrário a texto expresso de Lei posterior?

Dessa maneira, consoante dispõem os incisos II e IV do art. 241 do CPC – correspondentes, linhas gerais, aos incisos II e VI do art. 231 do NCPC – afirma-se que o termo *a quo* para a interposição de agravo de liminares, no âmbito dos Juizados Especiais da Fazenda Pública, corresponde à data de juntada aos autos, ou do mandado de intimação da decisão, ou da precatória para esse fim expedido.

Visto, no que interessa para a exposição, o pertinente ciclo normativo e jurisprudencial afeto à recorribilidade de específicas liminares, propõe-se, doravante, e sob a óptica estritamente processual, modo de equacionar o problema – de ordem prática – central do estudo.

5. DA INADMISSIBILIDADE DE ACESSO DIRETO AO STJ

A harmonização interpretativa a respeito da intimação e contagem de prazo versadas no escrito não será alcançada via recurso especial.

Realmente, pois está sedimentada a compreensão de que as decisões das Turmas Recursais não equivalem a pronunciamentos de última instância provenientes de Tribunal,[8] a autorizar a reapreciação pelo STJ, nos moldes do que estatui o art. 105, III, da CF/1988.

---

8 Segundo o enunciado n. 203 de súmula de jurisprudência predominante do STJ: "Não cabe recurso especial contra decisão proferida por órgão de segundo grau dos Juizados Especiais".

6. DA INVIABILIDDE DE RECLAMAÇÃO PARA O STJ

Poder-se-ia ventilar a utilização de reclamação para mencionado órgão jurisdicional, observados os ditames da Resolução n. 12 daquela Corte de Justiça.

No entanto, dito mecanismo encontra-se reservado para as hipóteses de decisão de Turma Recursal que contrarie precedente oriundo da sistemática do art. 543-C do CPC, ou enunciado de súmula de jurisprudência predominante do STJ (art. 1.º de aludida Resolução), desde que se trate de divergência no plano do direito material.

Ao propósito, confira-se ementa de precedente da 2ª Seção de cogitado Tribunal, na qual se delimitou, de forma genérica, o cabimento da reclamação no universo dos Juizados Especiais:

> DIREITO CIVIL E PROCESSUAL CIVIL. RECLAMAÇÃO. TARIFAS BANCÁRIAS. LEGALIDADE. TARIFA DE CADASTRO.
>
> 1.- A Reclamação de que trata a Resolução/STJ nº 12/2009 não pode ser proposta para discutir questões de direito processual (AgRg no MS 18.665/MT, Rel. Ministro CASTRO MEIRA, CORTE ESPECIAL, DJe 12/11/2012).
>
> 2.- A expressão "jurisprudência do Superior Tribunal de Justiça" constante no art. 1º da Resolução/STJ nº 12/2009, deve ser interpretada em sentido estrito, admitindo-se como tal, apenas o entendimento absolutamente consolidado no âmbito desta Egrégia Corte, no que se refere à aplicação da lei, ou seja, apenas quando este Tribunal já tenha editado Súmula a respeito da matéria de direito material controvertida ou proferido julgamento de Recurso Especial representativo da controvérsia sobre a questão, pelo rito dos Recursos Especiais Repetitivos (CPC, art. 543-C, com a redação da Lei 11.672, de8.5.2008).(AgRg na Rcl 4312/RJ, Rel. Ministro PAULO DE TARSO SANSEVERINO, SEGUNDA SEÇÃO, DJe 25/10/2010).
>
> 3.- A 2ª Seção, no julgamento do REsp 1.251.331/RS, Rel. Ministra MARIA ISABEL GALLOTTI, SEGUNDA SEÇÃO, DJe 24/10/2013, lavrado sob o regime do artigo 543-C do Código de Processo Civil, afirmou ser "válida a Tarifa de Cadastro expressamente tipificada em ato normativo padronizador da autoridade monetária, a qual somente pode ser cobrada no início do relacionamento entre o consumidor e a instituição financeira.

4.- Reclamação parcialmente provida.

(Rcl 16.644/ES, Rel. Ministro Sidnei Beneti, 2ª Seção, j. 28.05.2014, *DJe*02.06.2014).

Sem contar, ainda, que não tem sido admitida a utilização do instituto da reclamação, agora, no campo específico da Lei 12.153/09, conforme ementa, ora transcrita, de outro recente precedente do STJ:

PROCESSUAL CIVIL. PEDIDO DE RECONSIDERAÇÃO NO AGRAVO REGIMENTAL NA RECLAMAÇÃO. RECEBIMENTO COMO AGRAVO REGIMENTAL. PRINCÍPIO DA FUNGIBILIDADE. DECISÃO RECORRIDA PROFERIDA POR TURMA RECURSAL DO JUIZADO ESPECIAL DA FAZENDA PÚBLICA. REGIME PRÓPRIO DE SOLUÇÃO DE DIVERGÊNCIA (ARTS. 18 E 19 DA LEI 12.153/2009). DESCABIMENTO DA RECLAMAÇÃO PREVISTA NA RESOLUÇÃO 12/2009 DO STJ. SUCEDÂNEO RECURSAL. IMPOSSIBILIDADE. PRINCÍPIO DA FUNGIBILIDADE. INAPLICABILIDADE.

1. Tendo em vista o escopo de reforma do julgado, aplica-se o princípio da fungibilidade recursal, para conhecer da manifestação da parte como Agravo Regimental.

2. A Primeira Seção desta Corte firmou o entendimento de que: i) a reclamação disciplinada pela Resolução 12/2009 não é cabível contra decisões proferidas no âmbito do Juizado Estadual da Fazenda Pública, tendo em vista que o art. 18 da Lei n. 12.153/2009 previu o cabimento de pedido de uniformização de interpretação de lei em relação às questões de direito material; e ii) não há falar na possibilidade de receber a insurgência reclamatória como sucedâneo recursal, tampouco como Incidente de Uniformização de Interpretação de Lei, haja vista o rito específico desse último e o fato de não haver dúvida objetiva sobre o instrumento de impugnação cabível na espécie, configurando-se erro grosseiro o manejo da reclamatória.

Precedentes: AgRg na Rcl 12.496/SP, Rel. Min. Assusete Magalhães, Primeira Seção, DJe 04/06/2014; AgRg na Rcl 15.676/AP, Rel. Min. Gonçalves, Primeira Seção, AgRg na Rcl 15.700/AP, Rel. Min. Arnaldo Esteve Lima, Primeira Seção, DJe 25/04/2014; AgRg na Rcl 12.756/SP, Rel. Min. Herman Benjamin, Primeira Seção, DJe 17/06/2014.

3. Agravo regimental não provido.

(RCD no AgRg na Rcl 9.614/SP, Rel. Min. Bendito Gonçalves, 1ª Seção, 27.08.2014, *DJe*01.09.2014).

Diante dessas constatações, resta verificar se se afigura viável lograr uniforme tratamento ao propósito da intimação e regra de contagem de prazo contempladas no escrito, a partir de pronunciamento do STF.[9]

Para tanto, mister examinar, de pronto, o cabimento do extraordinário na espécie. É o que se passa a fazer.

7. IMPUGNAÇÃO DE DECISÕES (COLEGIADAS) DAS TURMAS RECURSAIS

Segundo o disposto no art. 21 da Lei 12.153/09, das decisões das Turmas Recursais cabe recurso extraordinário, ressalvada, em todo caso, a oposição de embargos declaratórios. Ou seja, a Lei especial, de modo expresso, assegurou a possibilidade, em tese, de decisões das Turmas Recursais serem reapreciadas pelo STF.

A bem de melhor organizar o raciocínio, antes de propriamente cuidar da admissibilidade em foco, será examinado o emprego do agravo interno. Realmente, pois, em determinadas situações, o antecedente manejo de aludida espécie recursal será relevante para assegurar-se a adequada recorribilidade adiante explicitada.

Sim, pois o incorreto reconhecimento de intempestividade do agravo poderá decorrer de decisão monocrática ou colegiada da Turma Recursal.

Daí, insista-se, a oportunidade de analisar a forma de insurgir-se contra o primeiro dos pronunciamentos destacados no parágrafo anterior.

8. CABIMENTO DE AGRAVO INTERNO

Consoante estabelece o enunciado n. 87, do FONAJEF: "A decisão monocrática proferida por Relator é passível de Agravo Interno."

---

9 A rigor, conforme dicção do art. 543-B, § 3.º, do CPC, tratar-se-á de orientação de cunho persuasivo, pois não há obrigatoriedade, do ponto de vista jurídico, de o tema ser apreciado noutras demandas, tal qual venha ser decidido pelo STF no julgamento de caso concreto, ainda que sob regime de repercussão geral.

Primeiro ponto: a interposição de todo e qualquer recurso deve observar prioritariamente o disposto em Lei.

Dito isso, enfatiza-se que, no microcosmo legal em consideração, não há previsão, quer de julgamento monocrático, apoiado no art. 557 do CPC,[10] quer de impugnação a respectivo *decisum*.[11]

Pois bem. A compatibilidade de adotar-se forma mais expedita de prestação da tutela jurisdicional é medida de todo compatível com o universo próprio dos Juizados.

Assim, à luz do art. 27 da Lei 12.153/09, recomendável a aplicação subsidiária do art. 557 do CPC, notadamente no que toca aos parâmetros para chegar-se, de modo mais célere, ao desfecho da demanda.

No entanto, não se pode sustentar a incidência de apenas parte do dispositivo, deixando os litigantes sem meio de impugnar a decisão unipessoal, o que acabaria por desencadear o residual e indesejado emprego de mandado de segurança.

A delimitação ora empreendida no texto se justifica, pois consoante respeitável lição doutrinária:[12]

> (...) o campo de incidência do mandado de segurança é residual. A ação de segurança é admissível apenas quando não for cabível meio processual específico e também não for adequada outra ação específica. Daí a asserção de que só excepcionalmente o mandado de segurança tem em mira decisão judicial.

Sob outro ângulo, defende-se que a utilização do agravo interno se apresenta como meio de afastar obstáculo formal e, com isso, viabilizar a utilização da via extraordinária, pois segundo dispõe o enunciado n. 281, de súmula de jurisprudência predominante do STF:

---

10 O NCPC, em seu art. 932, incisos IV e V, discrimina as hipóteses de julgamento unipessoal de recursos pelo Relator.

11 No NCPC, enfim sancionado, preservou-se o cabimento de agravo interno de decisões monocráticas dos Relatores, contendo o § 3º do art. 1.021 relevante regra, segundo a qual: "É vedado ao relator se limitar à reprodução dos fundamentos da decisão agravada para julgar improcedente o agravo".

12 SOUZA, Bernardo Pimentel. *Introdução aos Recursos Cíveis e à Ação rescisória*. 10. ed. São Paulo: Saraiva, 2014, p. 922.

"É inadmissível o recurso extraordinário, quando couber, na justiça de origem, recurso ordinário da decisão impugnada."

Ou seja, a incidência subsidiária do CPC acima propugnada oferece condições para, desde quando não reste provido o agravo interno, preencher-se o requisito de admissibilidade ora destacado.

Explica-se: como as Leis 9.099/95, 10.259/01 e 12.153/09 oferecem o acesso ao STF, os obstáculos a tanto, ou seriam removíveis na forma estabelecida em cogitadas Leis, ou, em caso de lacuna, pela aplicação subsidiária do CPC.

Dessa maneira, tanto o agravo interno[13] como o agravo nos autos do processo,[14] ambos disciplinados pelo CPC, devem ser admitidos como forma de manter a integridade do sistema recursal próprio, previsto nas leis especiais aludidas no parágrafo anterior.

Em suma, o enunciado n. 87 do FONAJEF aplica-se aos Juizados Especiais como um todo, pois visa a preservar a recorribilidade extraordinária, sem colidir com as regras específicas de cada um dos diplomas legais do microcosmo em destaque.[15]

---

13 Vale repetir que, no NCPC, foi mantido o cabimento de agravo interno de decisões monocráticas dos Relatores.

14 Consoante art. 1.030, parágrafo único, do NCPC, o juízo de admissibilidade dos recursos extraordinário e especial ficaria, de ordinário, em mãos apenas do STF e STJ, respectivamente. À luz dessa diretiva, já presente no texto consolidado então votado na Câmara dos Deputados, em atualíssimo estudo, formulou-se pertinente objeção à vigência da "odiosa Portaria STF 138/2009 do STF", haja vista sua manifesta inconstitucionalidade, consistente na delegação de competência jurisdicional a servidores administrativos de mencionado Tribunal para, sob certas condições, realizarem o juízo de admissibilidade recursal. MOREIRA, Ana Luísa de Navarro; NUNES, Dierle; DERZI, Mizabel de Abreu Machado; BUSTAMANTE, Thomas da Rosa de. Recursos extraordinários, precedentes e responsabilidade política dos Tribunais: Um problema aberto para o legislador e para o novo CPC. *RePro*237, nov. 2014. A passagem destacada entre aspas encontra-se à p. 476. Em atendimento à demanda dos Tribunais Superiores, o Senado Federal aprovou, em dezembro de 2015, o PLC 168/2015, por meio do qual o juízo de admissibilidade em tela retorna aos Tribunais locais. Cogitado Projeto, que não se limitou a essa alteração pontual, foi enviado à sanção presidencial à época em que se finaliza a presente coletânea.

15 Não se desconhece o teor do enunciado n. 15, do FONAJE, segundo o qual: "Nos Juizados Especiais não é cabível o recurso de agravo, exceto nas hipóteses dos artigos 544 e 557 do CPC. (Modificado no XXI Encontro – Vitória/ ES)."

A existência de remédio próprio para reformar a errônea decisão monocrática em foco não necessariamente levará ao resultado esperado.

Tal constatação, a rigor, nada apresenta de particular, eis que aplicável, em gênero, toda vez que se cogite de questionamento de decisões jurisdicionais.

Assim, retorna-se ao cabimento da via impugnativa em exame.

9. OPORTUNA RETOMADA DA EXPOSIÇÃO

Em reforço ao disposto no art. 21, da Lei 12.153/09, tem-se o enunciado n. 640 de súmula de jurisprudência predominante do STF: "É cabível recurso extraordinário contra decisão proferida por juiz de primeiro grau nas causas de alçada, ou por turma recursal de juizado especial cível e criminal."

É certo que a apreciação do mérito recursal reclama preenchimento de requisito de admissibilidade específico, qual seja ostentar a demanda repercussão geral (art. 102,§ 3.º, da CF/1988).

Requisito, vale sublinhar, com o qual se busca, linhas gerais, racionalizar o funcionamento da justiça pátria, a partir de decisões proferidas pelo STF em processos paradigma.

Para que não se impute ao autor haver se omitido de tratar de tema destacado no título do escrito, segue passagem doutrinária, que resume o propósito da inovação legislativa atinente à mencionada espécie recursal:

> (...) a adoção de um mecanismo de filtragem recursal como a repercussão geral encontra-se em absoluta sintonia com o direito fundamental à tutela jurisdicional efetiva e, em especial, com o direito fundamental a um processo com duração razoável. Guardam-se as delongas inerentes à tramitação do recurso extraordinário apenas quando o seu conhecimento oferecer-se como um imperativo para a ótima realização da unidade do Direito no Estado Constitucional brasileiro. Resguardam-se, dessarte, a um só

No entanto, o acerto da autorização de incidência subsidiária do CPC, não afasta a incompatibilidade do enunciado, na parte relacionada à recorribilidade das liminares assegurada pelas Leis 10.259/01 e 12.153/09. Por isso, o estudo se apoia tão só no posicionamento oriundo do FONAJEF.

> tempo, dois interesses: o interesse das partes na realização dos processos jurisdicionais em tempo justo e o interesse da justiça no exame de casos pelo Supremo Tribunal Federal apenas quando essa apreciação mostra-se imprescindível para realização dos fins a que se dedica alcançar a sociedade brasileira.[16]

Pois bem. Já se viu que, no âmbito da Lei 9.099/95, a Suprema Corte analisou tema próximo (recorribilidade das interlocutórias), em regime de repercussão geral (com a ressalva já pontuada).

Apoiado naquele julgamento, afigura-se plausível sustentar que o STF, agora, venha apreciar o mérito das teses recursais nas quais tema afim (uniformidade de tratamento quanto à intimação e regra de contagem de prazo em se tratando de impugnação de liminares na esfera dos Juizados Especiais da Fazenda Pública e da Justiça comum, respectivamente) venha ser desenvolvido.

Mesmo que não se mostre decisivo para o presente texto a análise das teses passíveis de serem submetidas ao STF, destaca-se que o princípio constitucional da isonomia aponta, no particular, para a necessidade de dispensar-se igual tratamento à Fazenda Pública, pois única a regra que disciplina a forma de citação e intimação da coletividade, pouco importando estar a demanda em curso na Justiça comum, ou no âmbito do procedimento regido pela Lei 12.153/09.

Sem contar, ainda, que o estabelecimento de balizas para o exercício do direito constitucional à revisibilidade de decisões interessará a quantos possam, em tese, figurar como parte em referidos órgãos jurisdicionais.

A abrangência dos conflitos cuja solução haverá de passar pelo crivo da competência absoluta dos Juizados Especiais em apreço[17] – e já em fase final de implantação – aponta, salvo melhor juízo, para a oportunidade de pronta manifestação do STF sobre o tema em análise.

---

16 MITIDIERO, Daniel; MARINONI, Luiz Guilherme. *Repercussão Geral no Recurso Extraordinário*. 2. ed., rev. e atual. São Paulo: Ed. RT, 2008, p. 18-19. À luz do direito comparado, colhe-se sintético exame da origem histórica do instituto *in* ASSIS, Araken de. *Manual dos Recursos*. São Paulo: Ed. RT, 2007, p. 696-697.

17 Consoante art. 2.º, § 4.º, da Lei 12.153/09.

10. AINDA SOBRE A UTILIZAÇÃO DO EXTRAORDINÁRIO

Pontuada a oportunidade de anterior utilização de agravo interno para obter-se pronunciamento colegiado da Turma Recursal propiciador, conforme o caso, de abertura para a impugnação extraordinária, vislumbra-se ainda outro obstáculo de ordem processual na espécie.

Com efeito, pois, nada obstante inadmissível, não fica excluída a retenção do extraordinário para exame futuro, a partir de incidência subsidiária do § 3.º do art. 542 do CPC vigente.[18]

Ora, para ser coerente com a tese defendida no presente escrito de que a existência jurídica das liminares perdura até quando sobrevenha a decisão exauriente (sentença), sequer se deve cogitar de retenção, em vista da aplicação supletiva da regra geral contida no CPC, eis que enseja a perda de objeto do recurso.

Ou seja, cabível tão apenas a apreciação imediata do extraordinário.

No entanto, não se deve excluir o risco de experimentar-se indevida paralisação do trâmite recursal. Sim, haja vista questionável entendimento do próprio STF, segundo o qual se pode insurgir contra específicas liminares, irrecorríveis de pronto, em sede preliminar de recurso inominado interposto da sentença posteriormente proferida no processo (RE 576.847/BA).[19]

Por outras palavras, se se permite até mesmo postergar a impugnação da liminar, é porque, sob essa óptica, insista-se, haverá interesse recursal ao tempo da futura recorribilidade.

Assim, nada impede que se proceda à conversão do extraordinário, para exame posterior, pois, numa hipótese e noutra, terá sido, no final das contas, preservada a utilidade da interposição respectiva.

Seja como for, já se pontuou, com o mais absoluto respeito, que tal entendimento não se mostra consentâneo com a relação existente entre as decisões provisória e exauriente proferidas no processo.

---

[18] O NCPC não cuida da retenção. De todo modo, conforme sublinhado na introdução, o escrito volta-se, também, para o direito vigente. Daí a pertinência do tópico em exposição.

[19] Esse errôneo posicionamento inviabilizará a apreciação do mérito recursal, também pelo STF, a envolver a uniformidade de tratamento para a contagem de prazo versada no trabalho?

Em síntese, por meio do recurso extraordinário, sem possibilidade de conversão, poderá, enfim, ser obtida a harmonização de entendimento na matéria em evidência.

11. UMA EXPLICAÇÃO (NECESSÁRIA?)

Um sem número de causas explica a proliferação de liminares no âmbito dos Juizados Especiais da Fazenda Pública, como, de resto, no Judiciário brasileiro como um todo.

Dizer que se trate de fenômeno irreversível é desconsiderar a mutabilidade própria do mundo jurídico atual, aí compreendidas as diferenciadas possibilidades argumentativas oferecidas, dentre outros fatores, pela principiologia jurídica ínsita ao direito da pós-modernidade, e que já levou ao emprego, no plano doutrinário, da expressão "Estado principial".[20]

Dito de outro modo, se nos dias de hoje, no plano dos Juizados assim também na denominada Justiça comum, o autor se vale, e muita vez com êxito, de atalho presente na ordem jurídica vigente,[21] não se pode dizer que, inexoravelmente, assim permanecerão as coisas na órbita da prestação da tutela jurisdicional no Brasil.

Por isso, pede-se licença para, novamente, ressaltar que "conforme a ideologia do momento, o que hoje se faz em prol do autor, poderá, amanhã, voltar-se contra ele."[22]

Afinal, caro leitor, a única certeza que acompanha nossa precária existência, ai de nós!, é a de que o caminho da vida é a morte.

---

20 BONAVIDES, Paulo. *Curso de Direito Constitucional*. 26. ed. São Paulo: Malheiros Editores, 2011, p. 293-294.

21 Oriunda de proposta inicial do Instituto Brasileiro de Direito Processual, a denominada estabilização da tutela antecipada de urgência foi contemplada nos artigos 303 e 304 da Lei 13.105/2015. Dito instituto propiciará o término mesmo do processo, caso não se venha recorrer da decisão antecipatória em foco.

22 SOARES, Leonardo Oliveira. Ação e defesa no Estado Democrático de Direito brasileiro atual: existe possibilidade de equilíbrio? *NOVOS ESCRITOS DE DIREITO PROCESSUAL: ENTRE PRESENTE E FUTURO*. Belo Horizonte: Del Rey, 2015, p. 88

12. CONCLUSÕES

O universo dos Juizados Especiais e, a rigor, de quaisquer procedimentos jurisdicionais voltados à solução de conflitos no Estado Democrático de Direito brasileiro, não se apresenta infenso à garantia maior de ampla defesa, de que a possibilidade de obter reexame de decisões se constitui em simples desdobramento.

O exercício do direito constitucional em tela se faz, prioritariamente, em obediência às normas legais vigentes elaboradas segundo o devido processo legislativo.

Diante da previsão normativa própria estatuída no art. 6.º da Lei 12.153/09, a contagem de prazo nas demandas regidas por citada Lei obedecerá às regras para tanto previstas no CPC de 1973.[23]

Dessa forma, no universo normativo ora delimitado, o prazo para a interposição de agravo pela Fazenda Pública irá fluir da juntada aos autos, ou do mandado de intimação da liminar, ou da carta precatória para esse fim expedido.

À luz de consolidado entendimento jurisprudencial, fica excluída, na espécie, a possibilidade de uniformização de entendimento por intermédio de pronunciamento do STJ.

É viável, de outro lado, obter-se harmonização interpretativa na matéria mediante provocação do STF.

O equivocado reconhecimento da intempestividade do agravo de instrumento poderá advir de pronunciamento monocrático ou colegiado da Turma Recursal.

Na hipótese de se tratar de decisão unipessoal proferida por integrante de Turma Recursal de Juizado Especial, é cabível a interposição de agravo interno (art. 557 do CPC), nos moldes do enunciado n. 87 do FONAJEF.

Isso porque dito expediente, uma vez não provido o agravo interno, viabilizará o preenchimento de requisito de admissibilidade de ordem jurisprudencial para interposição do recurso extraordinário.

---

[23] Em breve, nas regras para tanto dispostas no NCPC, conforme art. 1.045, § 4.º da Lei 13.105/2015.

Esta última espécie recursal não admitirá, no caso, retenção, dado que restará sem objeto sua apreciação futura, haja vista o caráter substitutivo da sentença em relação à decisão liminar.

A partir da amplitude e natureza da competência dos Juizados disciplinados pela Lei 12.153/09, é possível, com efeito, dimensionar a repercussão geral da matéria versada no escrito.

A literalidade do disposto no art. 6.º da Lei 12.153/09 cuja aplicação vem, aqui e ali, sendo recusada, bem demonstra que o instituto da repercussão geral não se constitui em mecanismo bastante, nem de longe, para que se tenha um mais racional funcionamento da justiça pátria.

Agora, sejamos francos, não foi mesmo para responder imbróglios hermenêuticos, de que o abordado no texto se constitui em mero exemplo, que se pensou na inserção da denominada repercussão geral no ordenamento jurídico pátrio. Muito menos, para tal desiderato, aprovou-se "novo" CPC.

13. REFERÊNCIAS BIBLIOGRÁFICAS

ASSIS, Araken de. *Manual dos Recursos*. São Paulo: Ed. RT, 2007.

BRASIL. Supremo Tribunal Federal. Regimento Interno do STF. Disponível em: <http://www.stf.jus.br/arquivo/cms/legislacaoRegimentoInterno/anexo/RISTF_Junho_2014_versao_eletronica.pdf>. Acesso em: 24.10.2014.

BONAVIDES, Paulo. *Curso de Direito Constitucional*. 26. ed. São Paulo: Malheiros Editores, 2011.

CÂMARA, Alexandre Freitas; REDONDO, Bruno Garcia. Da possibilidade de impugnação imediata de decisão interlocutória em juizado estadual: críticas ao posicionamento adotado no RE 576.847/BA. *Revista de Processo*. vol. 176. São Paulo: Ed. RT, out. 2009.

MITIDIERO, Daniel e MARINONI, Luiz Guilherme. *Repercussão Geral no Recurso Extraordinário*. 2. ed., rev. e atual. São Paulo: Ed. RT, 2008.

MOREIRA, Ana Luísa de Navarro; NUNES, Dierle; DERZI, Mizabel de Abreu Machado; BUSTAMANTE, Thomas da Rosa de. Recursos extraordinários, precedentes e responsabilidade política dos Tribunais: Um problema aberto para o legislador e para o novo CPC. *Revista de Processo*. vol. 237. São Paulo: Ed. RT, nov. 2014.

SOARES, Leonardo Oliveira. Ação e defesa no Estado Democrático de Direito brasileiro atual: existe possibilidade de equilíbrio? *NOVOS ESCRITOS*

DE DIREITO PROCESSUAL: ENTRE PRESENTE E FUTURO. Belo Horizonte: Del Rey, 2015.

SOARES, Leonardo Oliveira. A garantia do devido processo legal e os regimentos internos dos Tribunais brasileiros: possível inferência. *Revista de Direito Constitucional e Internacional*. vol. 82. São Paulo: Ed. RT, jan.-mar. 2013.

SOARES, Leonardo Oliveira. Ainda o princípio da confiança nos pronunciamentos jurisdicionais. *Revista de Processo*. vol. 218. São Paulo: Ed. RT, abr. 2013.

SOARES, Leonardo Oliveira. Agravo de instrumento e recurso ordinário em mandado de segurança contra pronunciamento judicial específico: uma distinção necessária e duas constatações. *Revista Dialética de Direito Processual*. n. 129. São Paulo: Dialética, dez. 2013.

SOUZA, Bernardo Pimentel. *Introdução aos recursos cíveis e à ação rescisória*. 10. ed. São Paulo: Saraiva, 2014.

Capítulo VII

RECURSO EXTRAÓRDINÁRIO, REPERCUSSÃO GERAL, DEVIDO PROCESSO LEGAL: E O NCPC?

AINDA UMA BREVE REFLEXÃO EM BENEFÍCIO (SERÁ?) DA LEGITIMIDADE DA JURISDIÇÃO CONSTITUCIONAL PÁTRIA[1,2]

> *O direito a um processo justo tem de levar em conta, necessariamente, o perfil judiciário brasileiro. Vale dizer: tem de ter presente as normas de organização judiciária, dentre as quais se destacam aquelas que visam a delinear a função que se acomete aos Tribunais superiores em nosso país e a maneira como essa vai ser desempenhada.* (Luiz Guilherme Marinoni e Daniel Mitidiero. *Repercussão Geral no Recurso Extraordinário*. 2. ed., rev. e atual. São Paulo: Ed. RT, 2008).

> *É dado da experiência comum que uma segunda reflexão acerca de qualquer problema frequentemente conduz a mais exata conclusão, já pela luz que projeta sobre ângulos até então ignorados, já pela oportunidade que abre para a reavaliação de argumentos a que no primeiro momento talvez não tenha atribuído o justo peso.* (José Carlos Barbosa Moreira, Comentários ao Código de Processo Civil. 14 ed. Rio de Janeiro: Forense, 2008. vol. V).

---

1 Publicado originalmente na *Revista Dialética de Direito Processual*. n. 143, fev. 2015 com o título Breve reflexão em benefício (será?) da legitimidade da jurisdição constitucional pátria. Texto revisto e acrescido de tópico atinente ao NCPC.

2 A rigor, no Brasil, o encargo de fiscalização constitucional das leis recai, de forma geral, em mãos de todos os juízes. Daí a expressão controle *difuso* de constitucionalidade. Tome-se, pois, no estudo, o emprego da terminologia *jurisdicional constitucional*, em sentido restrito, a envolver a incumbência em questão desempenhada pelo STF, em sede de recursos extraordinários.

1. INTRODUÇÃO

Com o intuito de racionalizar a atuação do Poder Judiciário pátrio como um todo – em proveito da celeridade e isonomia – alterou-se, já faz algum tempo, a regência normativa do recurso extraordinário, que passou a exigir como requisito específico de admissibilidade a comprovação da denominada repercussão geral.[3]

Linhas gerais, pode dizer-se que a celeridade decorre do fato de que, doravante, por intermédio de apreciação única, busca-se dar resposta, sem eficácia vinculante, é bem verdade, às demandas similares em curso, além de inibir a adoção futura de condutas contrárias ao entendimento a que o STF, no particular, tenha chegado.

Registra-se, por oportuno, que a ausência de aludida eficácia envolve a decisão de mérito proferida pelo STF, após prévio reconhecimento da presença de repercussão geral, conforme dicção do art. 543-B, § 3.º, do CPC.[4] De outro lado, ter-se-á eficácia *erga omnes*, na hipótese de se decidir pela inexistência do requisito de admissibilidade em tela, consoante dispõe o art. 543-A, § 5.º, do CPC.

Pois bem. Ao propiciar condições para que a identidade de resultados alcance (*rectius:* possa alcançar) os litigantes em situação correspondente àquela selecionada na causa paradigma concretiza-se, a sua vez, uma das facetas do chamado processo justo, no caso, a igualdade substancial.

Para tanto, foram modificados, primeiro, o Texto Constitucional pátrio (art. 102, III, § 3.º, inserto pela Emenda Constitucional n. 45/2004), depois, o CPC (artigos 543-A e 543-B, respectivamente, acrescidos pela Lei n.11.418/2006) e, por fim, o Regimento Interno do STF (Emenda Regimental n. 21, de 30 de maio de 2007).

Encerrado o ciclo de implantação normativa,[5] nem por isso se pode dizer que o novo sistema recursal esteja a funcionar de modo harmônico, no caso, com a garantia constitucional devido processo legal.

---

3 Por todos, vide MITIDIERO, Daniel; MARINONI, Luiz Guilherme. *Repercussão Geral no Recurso Extraordinário.*2. ed., rev. e atual. São Paulo: Ed. RT, 2008.

4 Nesse sentido, consulte-se a autorizada lição de SOUZA, Bernardo Pimentel. *Introdução aos Recursos Cíveis e à Ação Rescisória.*10 ed. São Paulo: Saraiva, 2014, p. 753.

5 Não se desconhece que o Regimento Interno do STF já foi alvo de alterações no ponto. No entanto, desde a vigência da Emenda Regimental n. 21, a demons-

Com efeito, é precisamente a partir da entrada em vigor das regras disciplinadoras de quaisquer institutos jurídicos que estes, sob a perspectiva prática, podem e devem ser analisados.

Feita essa breve introdução, pretende-se examinar ponto específico, a saber a posição processual dos terceiros atingidos pela decisão de indeferimento de ingresso no processo modelo, aí incluídos, sem caráter de exclusividade, fique claro, todos aqueles cujos recursos tenham sido alvo do sobrestamento previsto no art. 543-B do CPC. Por outras palavras, examina-se, no trabalho, o exercício da jurisdição constitucional a cargo do STF à luz do direito vigente, com enfoque para a legitimidade de suas decisões. Sem prejuízo, em todo caso, de brevíssimo exame do tema sob a óptica do NCPC.

A título contributivo, sugere-se, ao término da exposição, meio para ampliar a abertura participativa no diacrônico processo jurisdicional de interpretação das normas constitucionais.

Dito isso, inicia-se a abordagem, de cunho crítico, saliente-se, destacando-se pronunciamentos de aludida Corte atinentes ao novo regime procedimental aplicável à espécie em pauta.

Haja vista que o NCPC contemplou o instituto da repercussão geral, acredita-se que o destaque da linha evolutiva que se vai, doravante, empreender tenha lá sua serventia.

2. REPERCUSSÃO GERAL: DELIMITAÇÃO TEMPORAL E COGNITIVA

Em primeiro lugar – e como não poderia deixar de ser- cuidou a Corte Suprema de firmar o critério temporal para preenchimento do requisito de admissibilidade em evidência. Oportunidade em que, outrossim, foi examinado se o instituto seria aplicável a toda e qualquer sorte de demandas levadas a seu exame de constitucionalidade pela via incidental. Afinal, ao tempo em que se iniciou a vigência dos dispositivos legais aludidos no tópico anterior, milhares de extraordinários, que versavam pretensões atinentes aos mais diferenciados conflitos, encontravam-se pendentes de juízo de admissibilidade. Sendo certo que, de ordinário, observa-se no direito

tração do requisito em apreço passou a ser exigida nos recursos extraordinários, sendo, pois, o quanto basta para a análise empreendida na presente exposição.

brasileiro a incidência imediata dos comandos processuais *in* gênero (art. 1.211 do CPC).[6]

Pois bem. Em reverência à teoria do isolamento dos atos processuais, decidiu-se, de maneira acertada, que a modificação em foco haveria de ser observada em se tratando de interposição cujo prazo respectivo se iniciasse a partir da vigência da alteração regimental já destacada, eis que, só aí, completara-se o novo arcabouço legislativo.[7]

Da leitura do inteiro teor de mencionado *decisum* depreende-se que foi conferida significativa amplitude à inovação, pois se estabeleceu sua aplicação nas áreas penal e não penal, respectivamente. E nem poderia ser diferente, vez que a racionalização do serviço público de prestação de justiça-finalidade primeira da inovação? – não se constitui em medida que aproveite tão só a esta ou àquela classe de litígios senão ao funcionamento do Poder Judiciário em seu todo considerado.

Sem perder de vista as balizas traçadas em citado precedente, vale destacar que a não apresentação da preliminar de repercussão geral vem ensejando o não conhecimento, quer do extraordinário, quer do agravo de instrumento de decisão denegatória daquele, ainda quando veiculada, em citadas espécies recursais, controvérsia cuja transcendência haja sido reconhecida pelo STF noutro recurso pendente de apreciação. A respeito, confira-se trecho de pronunciamento, que bem espelha a posição de cogitada Corte de Justiça:

> (...) todo recurso extraordinário, interposto de decisão cuja intimação ocorreu após a publicação da Emenda Regimental 21 (DJ de 3-5-2007), deve apresentar preliminar formal e fundamentada da repercussão geral das questões constitucionais nele discutidas. A ausência dessa preliminar na petição de interposição permite que a Presidência do STF negue, liminarmente, o processamento do recurso extraordinário, bem como do agravo de instrumento

---

6 Vide art. 14 do NCPC.

7 A respeito, vide Questão de ordem no AI 664.567-2, rel. Min. Sepúlveda Pertence, Tribunal Pleno, j. 18.06.2007, DJe-096, 05.09.2007). Inteiro teor da decisão encontra-se disponível em: <http://redir.stf.jus.br/paginadorpub/paginador.jsp?-docTP=AC&docID=485554>. Acesso em: 17.11.2014.

interposto contra a decisão que o inadmitiu na origem. A mesma competência foi atribuída ao relator sorteado, na hipótese de distribuição do recurso, tudo nos termos dos arts. 543-A, § 2º, do CPC; 13, V, c, e 327, caput e § 1º, do RISTF. (...) Nem há falar em demonstração implícita da repercussão geral. A legislação sobre o instituto enfatiza a necessidade de que a argumentação desenvolvida pelo recorrente seja apresentada em preliminar formal e fundamentada na petição do recurso extraordinário. Assim, a demonstração de que as questões constitucionais suscitadas, além de relevantes do ponto de vista econômico, político, social ou jurídico, ultrapassam os interesses subjetivos das partes, deverá ser apresentada em um tópico destacado na petição do seu recurso. (...) mesmo nas hipóteses de presunção de existência da repercussão geral, previstas no art. 323, § 1º, do RISTF, o recorrente também terá que demonstrar, em tópico destacado na petição do seu apelo extremo, que a matéria constitucional nele suscitada já teve a repercussão geral reconhecida, ou que a decisão recorrida contraria súmula ou a jurisprudência dominante do STF, não sendo necessária, por tais motivos, a submissão da questão ao procedimento do julgamento eletrônico da repercussão geral. (RE 569.476-AgR, voto da Rel. Min. Presidente Ellen Gracie, julgamento em 2-4-2008, Plenário, DJE de 25-4-2008.) No mesmo sentido: AI 786.701-ED, Rel. Min. Presidente Cezar Peluso, julgamento em 7-10-2010, Plenário, DJE de 10-11-2010; AI 725.604-AgR, Rel. Min. Dias Toffoli, julgamento em 1º-6-2010, Primeira Turma, DJE de 17-9-2010; AI 789.402-AgR, Rel. Min. Celso de Mello, julgamento em 11-5-2010, Segunda Turma, DJE de 11-6-2010; AI 697.379-AgR, Rel. Min. Presidente Gilmar Mendes, julgamento em 16-12-2009, Plenário, DJE de 12-2-2010; AI 728.103-AgR, Rel. Min. Joaquim Barbosa, julgamento em 28-4-2009, Segunda Turma, DJE de 5-6-2009; AI 688.760-AgR, Rel. Min. Cármen Lúcia, julgamento em 17-3-2009, Primeira Turma, DJE de 17-4-2009; AI 725.940-AgR, Rel. Min. Ricardo Lewandowski, julgamento em 3-2-2009, Primeira Turma, DJE de 6-3-2009; AI 672.738-AgR, Rel. Min. Eros Grau, julgamento em 26-2-2008, Segunda Turma, DJE de 28-3-2008. Vide: ARE 663.637-QO-AgR, rel. min. presidente Ayres Britto, julgamento em 12-9-2012, Plenário, DJE de 6-5-2013.[8]

---

8 A Constituição e o Supremo.Disponível em: <http://www.stf.jus.br/portal/constituicao/artigoBd.asp#visualizar>. Acesso em: 26.03.2014.

3. CRITÉRIOS PARA ADMISSÃO DOS *AMICI CURIAE* NO PROCESSO MODELO

Outro passo importante consistiu em gizar critérios para admitir-se a intervenção dos chamados *amigos da Corte* no processo paradigma.

Realmente, pois a previsão do ingresso em si mesma considerada se relaciona, em última análise, à possibilidade de conferir-se maior legitimidade às decisões do STF no plano concreto não menos que na esfera abstrata de constitucionalidade.

No particular, vem se entendendo que o simples fato de o recorrente experimentar a paralisação do trâmite recursal, por força do art. 543-B do CPC, não lhe autoriza, só por isso, intervir no processo piloto.

Ou seja, o pleito em exposição deve ser justificado, à luz do caso *sub judice*, atentando-se para a relevância da matéria, desde que se faça presente, de modo concomitante, a denominada representatividade adequada, consoante restou decidido, *v.g.*, no RE 659.424.[9]

Destaca-se, de outro lado, que o *decisum* autorizador *do* ingresso de terceiro, em sede de controle difuso, não desafia recurso, segundo o disposto no art. 323, § 3.º, do Regimento Interno do STF, atualizado com a introdução da Emenda Regimental n. 42/2010.[10]

Tal ênfase, adianta-se, é justificada pelo fato de que o ponto será objeto de análise mais detida logo à frente.

Por ora, fica o registro, quem sabe, caro leitor, a despertar-lhe – a essa altura? – o interesse em prosseguir com a leitura.

4. TERMO FINAL PARA INGRESSO NO PROCESSO SELECIONADO

Estabelecidos, no plano jurisprudencial, os limites temporal e cognitivo assim também os critérios de legitimidade para participar do processo paradigma, cuidou-se, enfim, de precisar o termo final para

---

9 Inteiro teor disponível em: <http://www.stf.jus.br/portal/jurisprudencia/visualizarEmenta.asp?s1=000308029&base=baseMonocraticas>. Acesso em: 17.11.2014.

10 Disponível em: <http://www.stf.jus.br/arquivo/cms/legislacaoRegimentoInterno/anexo/RISTF_Maio_2013_versao_eletronica.pdf>. Acesso em: 17.11.2014.

se requerer a inserção respectiva, como *amicus curiae*. Participação frisa-se, que envolve tanto a discussão prévia ao propósito da existência mesma de repercussão geral na espécie quanto o debate sobre o mérito recursal propriamente dito da causa destacada. Sendo que, nas duas situações gizadas, poder-se-á contribuir com a Corte, *v.g.*, mediante a apresentação de memoriais, agendamento de audiência com o Ministro Relator, dentre outras formas.[11]

Sobre o ponto, é oportuno salientar que referida Corte tende a observar marco similar[12] àquele adotado na esfera de fiscalização abstrata,[13] a saber, não se encontrar o processo selecionado em pauta de julgamento.[14]

5. INSERÇÃO AUTOMÁTICA NO PROCESSO PARADIGMA?

Uma maneira de minimizar o problema em apreço (será?) consistiria em possibilitar ao recorrente, tão só em vista de haver sido atingido pelo sobrestamento disciplinado no art. 543-B do CPC,[15] a oportunidade de manifestar-se no processo paradigma.

---

11 Ao propósito, vide MITIDIERO, Daniel; MARINONI, Luiz Guilherme. *Repercussão Geral no Recurso Extraordinário*. cit., p.42.

12 Sirva de exemplo pronunciamento individual, no RE 561.836, proferido pelo Ministro Luiz Fux. A tramitação completa do processo pode ser lida em: <http://www.stf.jus.br/portal/processo/verProcessoAndamento.asp?numero=561836&classe=RE&codigoClasse=0&origem=JUR&recurso=0&tipoJulgamento=M>. Acesso em: 17.11.2014.

13 A analogia se explica em função da denominada "objetivação" do recurso extraordinário. Sobre o tema, vide DIDIER JR., Fredie; CUNHA, Leonardo José Carneiro da. *Curso de Direito Processual Civil. Meios de Impugnação às decisões judiciais e processos nos Tribunais*. 7. ed. Salvador: JusPODIVM, 2009, p. 343-350.

14 A respeito do requerimento de admissão de terceiro, no plano do controle concentrado, examinem-se decisões proferidas na ADI 4.071-AgR/DF, rel. Min. Menezes Direito, Tribunal Pleno, DJe 16.10.2009 e na ADI 4.067-AgR, rel. Min. Joaquim Barbosa, Tribunal Pleno, DJe 24.04.2010.

15 Na versão inicial do escrito, não se examinou o tema *recorribilidade da determinação de sobrestamento,* eis que se considerava que tal *decisum* contemplaria pretensões afins. Conforme se verá no tópico 9 da versão atualizada ora divulgada, o NCPC, acertadamente, prevê a possibilidade de impugnar-se a decisão de paralisação, ao fundamento de se tratar de demanda diversa daquela a ser examinada no recurso paradigma.

Isso pelo fato de que o desfecho de cogitada demanda atingirá sua esfera jurídica.

Dessa maneira, ter-se-ia, por assim dizer, diferenciado critério de representatividade, conforme se tratasse ou não de terceiro que houvesse experimentado a paralisação disposta em mencionado dispositivo do CPC.

Como inconveniente prático, pode apontar-se a inviabilidade de franquear a abertura em tais termos, vez que a (potencial) inserção de significativo número de recorrentes acarretaria demora indesejada no término do caso modelo, a conspirar, pois, contra a celeridade processual buscada, via apreciação da matéria em regime de repercussão geral.

Seja como for, consoante já se registrou no texto, é firme o posicionamento da Corte Maior pátria, segundo o qual não basta o litigante encontrar-se na situação aqui descrita para que se lhe conceda livre acesso ao processo selecionado.

6. E A RECORRIBILIDADE AO PROPÓSITO DA NEGATIVA DO PLEITO DE PARTICIPAÇÃO NA ESFERA DE SINDICÂNCIA CONCENTRADA?

De outro lado, admite-se recurso da decisão que rejeita o ingresso de terceiro no processo, no âmbito de fiscalização abstrata de constitucionalidade pelo STF. Assim:

> Ação direta de inconstitucionalidade. Embargos de declaração opostos por *amicus curiae*. Ausência de legitimidade. Interpretação do § 2º da Lei 9.868/1999. A jurisprudência deste Supremo Tribunal é assente quanto ao não cabimento de recursos interpostos por terceiros estranhos à relação processual nos processos objetivos de controle de constitucionalidade. Exceção apenas para impugnar decisão de não admissibilidade de sua intervenção nos autos. Precedentes. (ADI 3.615-ED, Rel. Min. Cármen Lúcia, julgamento em 17-3-2008, Plenário, DJE de 25-4-2008.) No mesmo sentido: ADI 4.163-ED, rel. Min. Teori Zavascki, julgamento em 25-9-2013, Plenário, DJE de 18-10-2013; ADI 3.934-ED-segundo-AgR, Rel. Min. Ricardo Lewandowski, julgamento em 24-2-2011, Plenário, DJE de 31-3-2011; ADI 2.591-ED, Rel. Min. Eros Grau, julgamento em 14-12-2006, Plenário, DJ de 13-4-2007.[16]

---

16 Informação disponível em: <http://www.stf.jus.br/portal/constituicao/artigoBd.asp?item=1079>. Acesso em: 14.11.2014.

Ora, o resultado do processo paradigma ostenta aptidão para alcançar uma pluralidade de partes, nada obstante se cuide de controle concreto de constitucionalidade.

Desse modo, em simetria com o que ocorre na via concentrada, afigura-se pertinente propiciar a reapreciação da negativa do requerimento de admissão formulado por terceiros, atingidos ou não pela paralisação disciplinada no art. 543-B do CPC.

Afinal, em ambas espécies de controle, mediante a abertura participativa, busca-se ampliar a legitimidade democrática das decisões do STF.

Poder-se-ia dizer que a possibilidade de se impugnar o indeferimento em tela não leva, de modo necessário, à reforma do ato monocrático combatido.

De fato, cético leitor, o direito ao reexame em apreço não pressupõe razão por parte daquele que venha recorrer. Até porque, todo e qualquer recurso estatuído em lei pode sequer vir a ser conhecido, *v.g.*, em vista de não preencher-se pressuposto próprio, tal qual a tempestividade da interposição.

De outro lado, não é menos certo que, uma vez transposto o juízo de admissibilidade próprio, com a negativa de provimento, ter-se-iam melhor explicitadas as razões pelas quais o terceiro nada tem a oferecer, *in casu*, para o deslinde da controvérsia de interesse, insista-se, de número indeterminado de pessoas. Sendo que o êxito recursal fará com que chegue aos autos fundamentação contributiva, ao fim e ao cabo, para a efetividade da jurisdição constitucional pátria a cargo do STF.

Bem sopesado o ponto, pode mesmo dizer-se que o próprio comando regimental antes gizado leva à revisibilidade ora defendida.

Com efeito, pois a irrecorribilidade consagrada na regra *interna corporis* em evidência demonstra, de modo claro, o quão significativo é para o STF a contribuição advinda dos *amici curiae*.

Dessa forma, de todo oportuno assegurar que a rejeição do requerimento de ingresso seja passível de reexame em proveito da legitimidade dos pronunciamentos da Corte maior brasileira.

Embora não se estivesse a desenvolver intransigente defesa da reapreciação de decisões judiciais, muito menos se cogitasse da hipótese vertente, vale colocar em destaque, uma vez mais, uma das judiciosas ponderações doutrinárias lançadas na epígrafe. Ei-la, portanto:

> É dado da experiência comum que uma segunda reflexão acerca de qualquer problema frequentemente conduz a mais exata conclusão, já pela luz que projeta sobre ângulos até então ignorados, já pela oportunidade que abre para a reavaliação de argumentos a que no primeiro momento talvez não tenha atribuído o justo peso.[17]

Sem prejuízo de análise particularizada dos critérios pertinentes para a efetiva atuação de terceiros nas duas situações em evidência, por intermédio desse expediente pode-se atenuar possível déficit de participação democrática, em se tratando de específicas decisões proferidas pelo STF.

7. UMA PONDERAÇÃO

O problema versado não evidencia crítica ao instituto da repercussão geral em si mesmo considerado.

Pelo contrário, ao abordar-se a matéria, buscou-se contribuir, ainda que de modo secundário, para a efetiva e o mais democrática possível aplicação de referido instituto.

Pouco importando, vale salientar, encontrar-se o autor das presentes linhas de acordo com a inserção de referido requisito de admissibilidade recursal no direito pátrio.

8. AINDA UMA INTERROGAÇÃO: REFLEXÃO DELIMITADA PELO DIREITO VIGENTE?

A oportunidade de refletir, hoje e agora, sobre a sistematização de julgamento de recursos extraordinários não está adstrita, de modo necessário, nem à vigência do denominado “Código Buzaid”, nem às normas regimentais em vigor do STF.

De fato, pois a eficiência – não apenas quantitativa[18] – no desempenho da função jurisdicional pátria se constitui em propósito

---

17 BARBOSA MOREIRA, José Carlos. *Comentários ao Código de Processo Civil.* 14 ed. Rio de Janeiro: Forense, 2008. vol. V, p. 236.

18 Ao propósito, confiram-se BAHIA; NUNES (2010). *Revista Brasileira de Estudos Políticos.* n. 101. Disponível em: <http://www.pos.direito.ufmg.br/rbep/index.php/rbep/article/viewFile/118/114>. Acesso em: 18.11.2014.

constitucional pertinente e duradouro a ser atingido, consoante dispõe o art. 37, *caput*, da CF/1988.[19]

9. E O NOVO CPC?

Atento ao disposto no art. 102, III, § 3.º, da CF/1988, o NCPC cuidou da repercussão geral em seus artigos 1.035 e seguintes.

Em primeiro lugar, merece registro a inovação disposta no art. 1.036, § 2.º, eis que confere ao interessado a faculdade de formular pleito de exclusão de sobrestamento e consequente inadmissibilidade do recurso extraordinário, ao fundamento de intempestividade da interposição. Sendo que, conforme art. 1.036, § 3.º, o indeferimento da providência desafia agravo previsto no art. 1.042 do NCPC.[20]

Relevante, para fins da presente exposição, colocar em destaque a acertada disposição do art. 1.037, § 9.º, segundo a qual é possível requerer-se a tramitação de recurso extraordinário paralisado, por suposto, de modo indevido. Com igual acerto, no art. 1.037, § 13, I e II, assegurou-se a recorribilidade do pronunciamento sobre mencionado requerimento.

Com isso, e a pretexto de conferir maior racionalidade ao sistema de distribuição de justiça brasileiro, a objetivação do recurso extraordinário não vai ao ponto de desconsiderar eventuais peculiaridades dos relevantes temas a serem submetidos à jurisdição constitucional do STF.

Minimiza-se, assim, o déficit de legitimidade das decisões proferidas em sede de recurso extraordinário, já que, no final das contas, o pronunciamento, no recurso paradigma, será aplicável a demandas, com efeito, similares.

---

19 SOARES, Leonardo Oliveira. O caráter dúplice do direito de ação e a efetividade da tutela executiva no Estado Democrático de Direito brasileiro. *PRIMEIROS ESCRITOS DE DIREITO PROCESSUAL: faz escuro mas eu canto.*Belo Horizonte: Del Rey, 2013, p. 168.

20 O PLC 168/2015, aprovado recentemente pelo Senado Federal e enviado à sanção presidencial, estatui que, nesses casos, caberá apenas agravo interno (art. 1.021 do NCPC). Daí, ao menos em primeira leitura, pode dizer-se que a decisão recorrida será apreciada tão só pelo Tribunal que a proferiu. Dito PLC foi convertido na Lei n. 13.256, publicada em 05 de fevereiro de 2015 no Diário Oficial da União.

Por último vale dizer que o NCPC, no art. 1.038, I, franqueia ao Relator solicitar a colaboração de pessoas, órgãos ou entidades com interesse na controvérsia, considerando-se a relevância da matéria e consoante dispuser o regimento interno, no caso, do STF.

Nada obstante as benéficas modificações ora pontuadas, notadamente aquelas contempladas no art. 1037, §§ 9.º e 13, I e II, perdeu-se, salvo melhor juízo, a oportunidade para disciplinar-se também:

a) a legitimidade e o prazo para ser requerido o ingresso na condição de *amicus curiae,*

b) o recurso da decisão que indefere tal pleito.

10. CONCLUSÃO

Independentemente de se tratar de alteração benéfica para o sistema de distribuição de justiça brasileiro e das inovações ao propósito presentes no NCPC, afirma-se que o tema está a merecer melhor sistematização.

Nesse sentido, e sem prejuízo da análise particularizada da legitimidade dos terceiros, sustenta-se que a decisão de indeferimento de ingresso no processo paradigma deve sujeitar-se à revisão, nos moldes do que se observa na esfera abstrata de controle constitucionalidade.

Afinal, no direito, como, de resto, na vida, todo e qualquer fim, por mais nobre que seja, deve fazer-se acompanhar de idêntica qualidade em relação ao meio, que, no particular, corresponde à concessão de máxima eficácia à (democrática) abertura participativa na apreciação de recursos submetidos ao regime de repercussão geral.

11. REFERÊNCIAS BIBLIOGRÁFICAS

BAHIA, Alexandre Gustavo Melo Franco e NUNES, Dierle. Processo, Jurisdição e Processualismo Constitucional Democrático na América Latina: alguns apontamentos. *Revista Brasileira de Estudos Políticos*. n. 101. Belo Horizonte, jul./dez. 2010. Disponível em: <http://www.pos.direito.ufmg.br/rbep/index.php/rbep/article/viewFile/118/114>. Acesso em: 18.11.2014.

BRASIL. Supremo Tribunal Federal. A Constituição e o Supremo.Disponível em: <http://www.stf.jus.br/portal/constituicao/artigoBd.asp#visualizar>. Acesso em: 26.03. 2014.

BRASIL. Supremo Tribunal Federal. Decisão monocrática no RE 659.424, rel. Min. Celso Melo, j. 09.12.2013, DJe-246, 12.12.2013. Disponível em: <http://www.stf.jus.br/portal/jurisprudencia/visualizarEmenta.asp?s1=000308029&base=baseMonocraticas>. Acesso em: 26.03.2014.

BRASIL. Supremo Tribunal Federal. Decisão monocrática no AI 696.454 AgR, rel. Min. Celso Melo, j. 28.10.2008, DJe-212, 07.11.2008.Disponível em: <http://www.stf.jus.br/portal/jurisprudencia/listarJurisprudencia.asp?s1=%28AI%24%2ESCLA%2E+E+696454%2ENUME%2E%29&base=baseMonocraticas&url=http://tinyurl.com/cmjp62>. Acesso em: 26.03.2014.

BRASIL. Supremo Tribunal Federal. Decisão monocrática no RE 561.836, rel. Min. Luiz Fux. Disponível em: <http://www.stf.jus.br/portal/processo/verProcessoAndamento.asp?numero=561836&classe=RE&codigoClasse=0&origem=JUR&recurso=0&tipoJulgamento=M>. Acesso em: 26.03.2014.

BRASIL. Supremo Tribunal Federal. Decisão monocrática no RE 590.415, rel. Min. Joaquim Barbosa, j. 07.06.2011, DJe-117,17.06.2011. Disponível em: <http://www.stf.jus.br/portal/jurisprudencia/visualizarEmenta.asp?s1=000152760&base=baseMonocratica>. Acesso em: 26.03.2014.

BRASIL. Supremo Tribunal Federal. Questão de ordem no AI 664.567-2, rel. Min. Sepúlveda Pertence, Tribunal Pleno, j. 18.06.2007, DJe-096, 05.09.2007. Disponível em:<http://redir.stf.jus.br/paginadorpub/paginador.jsp?docTP=AC&docID=485554>. Acesso em: 26.03.2014.

BRASIL. Supremo Tribunal Federal. Regimento Interno do Supremo Tribunal Federal. Disponível em: <http://www.stf.jus.br/arquivo/cms/legislacaoRegimentoInterno/anexo/RISTF_Maio_2013_versao_eletronica.pdf>. Acesso em: 31.03.2014.

BARBOSA MOREIRA, José Carlos. *Comentários ao Código de Processo Civil.* 14 ed. Rio de Janeiro: Forense, 2008. vol. V.

DIDIER JR., Fredie; CUNHA, Leonardo José Carneiro da. *Curso de Direito Processual Civil. Meios de Impugnação às decisões judiciais e processos nos Tribunais.* 7. ed. Salvador: JusPODIVM, 2009.

MITIDIERO, Daniel; MARINONI, Luiz Guilherme. *Repercussão Geral no Recurso Extraordinário.* 2 ed., rev. e atual. São Paulo: Ed. RT, 2008.

SOARES, Leonardo Oliveira. O caráter dúplice do direito de ação e a efetividade da tutela executiva no Estado Democrático de Direito brasileiro. *PRIMEIROS ESCRITOS DE DIREITO PROCESSUAL: faz escuro mas eu canto.* Belo Horizonte: Del Rey, 2013.

SOUZA, Bernardo Pimentel. *Introdução aos Recursos Cíveis e à Ação Rescisória.* 10 ed. São Paulo: Saraiva, 2014.

Capítulo VIII

VARIAÇÃO EM TORNO DE UMA (CONSTANTE) PREOCUPAÇÃO DE ORDEM ÉTICA

IMPOSIÇÃO LIMINAR DE RESPONSABILIZAÇÃO PESSOAL AO CHEFE DO PODER EXECUTIVO EM AÇÕES CIVIS NA ÁREA DE SAÚDE: VIOLAÇÃO À "ORDEM PÚBLICA", EFEITO MULTIPLICADOR E DEVIDO PROCESSO LEGAL[1]

> *(...) não se nega que o texto legal confira ampla margem decisória na apreciação do requerimento (o que, registra-se, nem sempre beneficiará o réu). Incidirá, contudo, em raciocínio contrário à Constituição, precisamente à promessa constitucional de tutela jurisdicional adequada, quem afirme que a ordem, a saúde, a segurança e a economia públicas não devam receber tratamento processual diferenciado.* (Leonardo Oliveira Soares, *PRIMEIROS ESCRITOS DE DIREITO PROCESSUAL*: faz escuro mas eu canto. Belo Horizonte: Del Rey, 2013).

1. INTRODUÇÃO

Em sede doutrinária,[2] já se teve oportunidade de sustentar a constitucionalidade do requerimento de suspensão de eficácia de liminar.

---

[1] Publicado originalmente na *Revista Dialética de Direito Processual*. n. 147, jun. 2015. Texto revisto.

[2] O requerimento de suspensão de eficácia de liminar como desdobramento do direito fundamental do réu à tutela jurisdicional adequada. SOARES, Leonardo Oliveira. *PRIMEIROS ESCRITOS DE DIREITO PROCESSUAL: faz escuro mas eu canto.* Belo Horizonte: Del Rey, 2013, p. 147-161. Em sentido contrário,

Desse modo, neste breve artigo, analisa-se tão só a admissibilidade da medida processual em tela nas hipóteses em que decisão jurisdicional provisória imponha, por qualquer modo, responsabilização pessoal ao Chefe do Poder Executivo para o caso de haver o "descumprimento" de obrigação de fazer própria. Para ser mais preciso, irá examinar-se a pertinência da pretensão deduzida em aludido requerimento, em se tratando de ações civis ajuizadas, na área de saúde, contra pessoa jurídica de direito público.

A especificidade da obrigação constitucional em destaque justifica, salvo melhor juízo, o recorte que se acaba de empreender.

Com efeito, eis que a pluralidade de demandas do gênero ensejou, e continua a ensejar desdobramentos – de que o texto mesmo dá testemunho – de fenômeno mais amplo para o qual concorrem inúmeras causas – jurídicas ou não – e que ficou conhecido como "judicialização da saúde."[3]

Registra-se que o tema será abordado à luz do direito vigente[4] e correlato entendimento jurisprudencial, notadamente o majoritário no TJMG.

A fim de evidenciar que não se cuida de problema local será, de igual modo, considerada a visão do STJ sobre a possibilidade de imputação em foco.

Nada obstante a delimitação da abordagem, não fica excluída, por certo, a aplicação das conclusões do trabalho noutras situações próximas em que o ente público venha a figurar como réu. Principalmente, se considerados os princípios constitucionais do contraditório e da

---

consultem-se as contundentes objeções de NERY JR., Nelson. *Princípios do processo na Constituição Federal*. 9. ed., rev., atual. e ampl. São Paulo: Ed. RT, 2009, p. 118 e ss.

3 A respeito, confira-se BARROSO, Luís Roberto. Da falta de efetividade à judicialização excessiva: direito à saúde, fornecimento gratuito de medicamentos e parâmetros para a atuação judicial. Disponível em: <http://www.ejef.tjmg.jus.br/home/files/publicacoes/artigos/0132009.pdf>. Acesso em: 20.03.2015

4 Pontua-se que a atribuição de responsabilidade pessoal a agentes estatais, especificamente no âmbito do controle judicial de políticas públicas, foi alvo de recente exame crítico, in VERBIC, Francisco; BERIZONCE, Roberto Omar. Control judicial de políticas públicas (a propósito de um Proyecto de Ley Brasileño). *RMDCPC* 56.

ampla defesa, balizas legitimadoras do exercício da jurisdição no Estado Democrático de Direito brasileiro.

Balizas que, diga-se de passagem, ganharam nova tintura com a publicação da Lei 13.105 no Diário Oficial da União, em 17 de março de 2015, pois citado diploma normativo afasta-se da ideia tradicional de contraditório na figura do binômino ação/reação, ao impor ao órgão jurisdicional, em qualquer grau de jurisdição, a obrigação de submeter a prévio debate fundamento capaz de influenciar a decisão.[5]

Ora, se as partes mesmas do processo não podem ser surpreendidas com resposta oriunda de argumentos que não tenham sido anteriormente oferecidos à discussão, que dirá, então, admitir-se a imputação de penalidade a quem nem mesmo tenha figurado como parte no processo.[6]

Apesar de a Constituição Federal de 1988 já inviabilizar essa forma de responsabilização, o disposto no art. 10 do NCPC torna ainda mais explícita a violação de que se vai doravante tratar.[7]

2. PRUDENTE E ANTECEDENTE EXPLICAÇÃO

"Ordem pública" se constitui em expressão de significativa imprecisão semântica.

Assim, no estudo, desenvolve-se uma das diferentes interpretações a que se pode chegar, no particular,[8] relacionando-a, em seguida, ao meio singular de sustação de efeitos de decisões jurisdicionais previsto no ordenamento pátrio.

---

5 Sobre o tema, vide JAYME, Fernando Gonzaga; FRANCO, Marcelo Veiga. O princípio do contraditório no Projeto do novo Código de Processo Civil. *RePro* 227/335-359.

6 Em defesa da incidência em apreço, à luz do art. 77, § 2º, do NCPC, consulte-se VIANA, Emílio de Medeiros. A possibilidade de imposição de multa pessoal ao gestor público responsável pelo desatendimento de provimentos judiciais que imponham obrigações de fazer, não fazer e entregar no novo CPC. *Advocacia Pública. Coleção Repercussões do NOVO CPC*. ARAÚJO, José Henrique Mouta e CUNHA, Leonardo Carneiro da. (Coords.) Salvador: JusPODIVM, 2015, p. 111-122. v. 3

7 Art. 10. O juiz não pode decidir, em grau algum de jurisdição, com base em fundamento a respeito do qual não se tenha dado às partes oportunidade de se manifestar, ainda que se trate de matéria sobre a qual tenha que decidir de ofício.

8 Nenhuma relação, pois, guarda a interpretação que se irá desenvolver com a ventilada na área penal para justificar ou rechaçar a decretação de prisão preventiva.

Para acolher ou não tal interpretação, prudente, caro leitor, se lhe afigura, antes, conhecê-la não menos que compreendê-la. Ei-la, pois.

3. DELIMITAÇÃO CONCEITUAL

Dispõe o art. 12, § 1.º, da Lei 7.347/85 que:

> A requerimento de pessoa jurídica de direito público interessada, e para evitar grave lesão à ordem, à saúde, à segurança e à economia pública, poderá o Presidente do Tribunal a que competir o conhecimento do respectivo recurso suspender a execução da liminar, em decisão fundamentada, da qual caberá agravo para uma das turmas julgadoras, no prazo de 5 (cinco) dias a partir da publicação do ato.

O art. 4.° da Lei 8.437/92, a sua vez, estatui que:

> Compete ao presidente do tribunal, ao qual couber o conhecimento do respectivo recurso, suspender, em despacho fundamentado, a execução da liminar nas ações movidas contra o Poder Público ou seus agentes, a requerimento do Ministério Público ou da pessoa jurídica de direito público interessada, em caso de manifesto interesse público ou de flagrante ilegitimidade, e para evitar grave lesão à ordem, à saúde, à segurança e à economia públicas.

Daí, atento ao recorte levado a cabo na introdução, giza-se que, por intermédio do expediente previsto nos dispositivos legais em apreço, não se veicula, de ordinário, questionamento atinente à obrigação propriamente dita de o Poder Público prestar assistência à saúde, consoante mandamento inserto no art. 196 da CF/1988. Muito menos, presta-se cogitado meio processual para suscitar, perante a Presidência de Tribunal, hipotética ausência de requisito ensejadora do afastamento da obrigação na espécie.

Isso porque tais pontos, tanto que deferida a liminar, poderão, no comum dos casos, ser impugnados via agravo de instrumento, sem possibilidade de conversão do recurso, ressalte-se.[9]

---

[9] Ao propósito, consulte-se SOARES, Leonardo Oliveira. Ação e defesa no Estado Democrático de Direito brasileiro: existe possibilidade de equilíbrio? *NOVOS ESCRITOS DE DIREITO PROCESSUAL: ENTRE PRESENTE E FUTURO*. Belo Horizonte: Del Rey, 2015, p. 73-89.

Ou seja, e para o que interessa ao escrito, sustenta-se que se afigura viável lançar mão do requerimento para tolher-se a eficácia da decisão na parte em que atribui responsabilidade pessoal a agente público específico para a hipótese de haver o "descumprimento" de obrigação na área de saúde.[10]

Precisa-se que o conceito de agente público vai, aqui, empregado com respaldo em autorizadíssima lição doutrinária, segundo a qual:[11]

> Quem quer que desempenhe funções estatais, enquanto as exercita, é um agente público. Por isto, a noção abarca tanto o Chefe do Poder Executivo (em quaisquer esferas) como os senadores, deputados e vereadores, os ocupantes de cargos ou empregos públicos da Administração direta dos três Poderes, os servidores das autarquias, das fundações governamentais, das empresas públicas e sociedades de economia mista nas distintas órbitas de governo, os concessionários e permissionários de serviço público, os delegados de função ou ofício público, os requisitados, os contratados sob locação civil e os gestores de negócios públicos.

Pois bem. A abordagem se justifica, com efeito, pois tal *decisum* faz recair, indevidamente, frise-se, ônus singular em quem não tem a obrigação de efetivar referida ordem judicial. A rigor, e para agravar a situação, faz incidir o ônus em pauta sobre quem não figura – e nem mesmo poderia figurar – como réu no processo em curso.

Sublinha-se que não se está a cogitar do cabimento de imputação de penalidade em sede de mandado de segurança. Notadamente, em vista de as peculiaridades da ação mandamental reclamarem, de fato, exame particularizado. De toda maneira, tem-se ciência de recentíssimo precedente, no qual o STJ admitiu a incidência de multa de caráter pessoal no âmbito do *mandamus*. Eis a respectiva ementa:

---

10 Sobre o emprego conjunto de uma e outra medidas processuais, vide DIDIER JR., Fredie; CUNHA, Leonardo Carneiro da. *Curso de Direito Processual Civil. Meios de impugnação às decisões judiciais e processo nos Tribunais.* Salvador: Editora JusPODIVM. 7 ed., 2009. vol. 3, p. 509-510.

11 MELO. Celso Antônio Bandeira de. *Curso de Direito Administrativo*. 13 ed., rev., atual. e ampl. São Paulo: Malheiros, 2001, p. 227.

> PROCESSUAL CIVIL. MANDADO DE SEGURANÇA. IMPOSIÇÃO DE MULTA DIÁRIA À PRÓPRIA AUTORIDADE COATORA. POSSIBILIDADE. APLICAÇÃO SUBSIDIÁRIA DO ART. 461, § § 4º e 5º DO CPC. RECURSO ESPECIAL DO ESTADO DESPROVIDO.
>
> 1. É pacífica, no STJ, a possibilidade de aplicação, em mandado de segurança, da multa diária ou por tempo de atraso prevista no art. 461, § § 4º e 5º do CPC. Precedentes.
>
> 2. Inexiste óbice, por outro lado, a que as astreintes possam também recair sobre a autoridade coatora recalcitrante que, sem justo motivo, cause embaraço ou deixe de dar cumprimento a decisão judicial proferida no curso da ação mandamental.
>
> 3. Parte sui generis na ação de segurança, a autoridade impetrada, que se revele refratária ao cumprimento dos comandos judiciais nela exarados, sujeita-se, não apenas às reprimendas da Lei nº 12.016/09 (art. 26), mas também aos mecanismos punitivos e coercitivos elencados no Código de Processo Civil (hipóteses dos arts. 14 e 461, § § 4º e 5º).
>
> 4. Como refere a doutrina, "a desobediência injustificada de uma ordem judicial é um ato pessoal e desrespeitoso do administrador público; não está ele, em assim se comportando, agindo em nome do órgão estatal, mas sim, em nome próprio" (VARGAS, Jorge de Oliveira. As conseqüências da desobediência da ordem do juiz cível. Curitiba: Juruá, 2001, p. 125), por isso que, se "a pessoa jurídica exterioriza a sua vontade por meio da autoridade pública, é lógico que a multa somente pode lograr o seu objetivo se for imposta diretamente ao agente capaz de dar atendimento à decisão jurisdicional" (MARINONI, Luiz Guilherme. Técnica processual e tutela dos direitos. São Paulo: RT, 2004, p. 662).
>
> 5. Recurso especial a que se nega provimento.
>
> (REsp 1399842/ES, rel. Min. Sérgio Kukina,1ª T., j. 25.11.2014, *DJe* 03.02.2015).

Feita a ressalva, retoma-se a exposição.

Grosso modo, pode dizer-se que a pessoa jurídica de direito público exterioriza suas vontades por meio de agentes legitimamente investidos para o desempenho de atribuições previamente estabelecidas em lei.

Dessa maneira, ao atribuir-se, *in casu*, ao Chefe do Poder Executivo,[12] incumbência que exorbita sua respectiva competência, enseja-se, ao fim e ao cabo, subversão da ordem pública.

Realmente, pois o desempenho das funções de aludida autoridade em prol da coletividade passa a ser preterido, haja vista se encontrar, tal autoridade, compelida a direcionar esforços para dar cumprimento à ordem judicial estranha a suas correlatas competências. Ordem, no particular, que estabelece prioridade individualizada não incluída no rol de encargos legais do Chefe do Poder Executivo, municipal, estadual e federal, respectivamente.

Por isso, afirma-se que o pronunciamento em pauta ostenta aptidão para tumultuar a ordem pública, compreendida esta última como o ordinário desempenho do conjunto de atividades demarcadas em lei a cargo de supracitadas autoridades.

Afinal, e sem prejuízo de outras ilações passíveis de serem formuladas, acredita-se que a expressão em evidência comporta interpretação a contemplar o regular e contínuo atuar de cada qual dos agentes públicos oxalá em benefício da coletividade.

Assim, com apoio nos artigos 12, § 1.º, da Lei 7.347/85 e 4.º da Lei 8.437/92, cabível obter-se a sustação de eficácia da liminar, no que toca à atribuição de responsabilidade pessoal versada no texto.

Além desse prisma, bastante por si só para propiciar o acolhimento do pleito suspensivo (será mesmo?), o tema comporta análise sob a óptica do chamado efeito multiplicador.

É o que se passa a expor adiante.

---

12 Expressamente pela responsabilização do chefe do Poder Executivo, desde que previa e pessoalmente intimado para cumprir a decisão, vide VIANA, Emílio de Medeiros. A possibilidade de imposição de multa pessoal ao gestor público responsável pelo desatendimento de provimentos judiciais que imponham obrigações de fazer, não fazer e entregar no novo CPC. *Advocacia Pública. Coleção Repercussões do NOVO CPC*. ARAÚJO, José Henrique Mouta e CUNHA, Leonardo Carneiro da. (Coords.) Salvador: JusPODIVM. 2015, p. 115. v. 3.

4. ORDEM PÚBLICA, EFEITO MULTIPLICADOR E DEVIDO PROCESSO LEGAL

Sabe-se que, no Estado de Minas Gerais,[13] como, de resto, em todo Brasil, encontra-se em curso significativo número de ações do gênero. Dita proliferação de demandas, a sua vez, deu ensejo ao que se convencionou chamar de "judicialização da saúde". Sobre o assunto, confiram-se as palavras do Ministro Gilmar Ferreira Mendes, durante abertura da audiência pública n. 04, convocada outrora para debater os limites da obrigação estatal de prestar assistência à saúde:

> O fato é que a judicialização do direito à saúde ganhou tamanha importância teórica e prática que envolve não apenas os operadores do direito, mas também os gestores públicos, os profissionais da área de saúde e a sociedade civil como um todo. Se, por um lado, a atuação do Poder Judiciário é fundamental para o exercício efetivo da cidadania e para a realização do direito social à saúde, por outro, as decisões judiciais têm significado um forte ponto de tensão perante os elaboradores e executores das políticas públicas, que se vêem compelidos a garantir prestações de direitos sociais das mais diversas, muitas vezes contrastantes com a política estabelecida pelos governos para a área da saúde e além das possibilidades orçamentárias.[14]

Nesse cenário, e levado ao extremo o raciocínio desenvolvido no item anterior, nenhuma outra atividade senão o exorbitante direcionamento de forças para o cumprimento de decisões dessa natureza – impostas, não raro, sem oitiva da parte ré – irá absorver, em seu todo, o cotidiano dos agentes públicos em consideração.

---

[13] No particular, destaca-se que os Encontros, Fóruns e Cursos já promovidos pela Escola Judicial Desembargador Edésio Fernandes denotam, de modo inequívoco, a preocupação do TJMG com o que se convencionou rotular de "judicialização da saúde". Para maiores informações, consulte-se: <http://www.ejef.tjmg.jus.br/home/judicializacao-da-saude/?page_id=183>. Acesso em: 24.03.2015.

[14] Disponível em <http://www.stf.jus.br/arquivo/cms/processoAudienciaPublicaSaude/anexo/Abertura_da_Audiencia_Publica__MGM.pdf>. Acesso em: 24.03.2015. Referida audiência forneceu subsídios para judiciosa decisão do STF na STA 175, de leitura obrigatória para quem se interesse pelo assunto, e cujo inteiro teor se encontra disponível em: <http://www.stf.jus.br/arquivo/cms/noticiaNoticiaStf/anexo/STA175.pdf>. Acesso em: 26.03.2015.

Tudo isso, saliente-se, em prejuízo da ordem pública e, portanto, da coletividade, nos limites gizados acima.

O Risco ora pontuado bem pode ser ilustrado por decisões proferidas pelas 1ª, 2ª, 3ª, 5ª, 6ª, 7ª e 8ª Câmaras Cíveis do TJMG, nas quais, de modo unânime, foi decotada sanção imposta em demandas similares.

A título exemplificativo,confiram-se: agravo de Instrumento-Cv 1.0707.12.023379-6/001, rel. Des. Andrade, 1ª CC, j. 24.09.2013, DJ 02.0.2013, agravo de Instrumento Cv 1.0024.13.251104-9/001, rel. Des. Caetano Levi Lopes, 2ª CC, j. 21.01.2014, DJ 27.01.2014, Agravo de Instrumento-Cv1.0430.14.000670-0/001, rel. Des. Jair Varão, 3ª CC, j. 29.01,2015, DJ 12.02.2015, Agravo de Instrumento-Cv 1.0074.13.005423-7/001, rel. Des. Levenhagen, 5ª CC, j. 02.10.2014, DJ 14.10.2014, Agravo de Instrumento-Cv 1.0024.13.253438-9/001, rel. Des. Corrêa Junior, 6ª CC, j. 12.08.2014, DJ 26.08.2014, Agravo de Instrumento-Cv 1.0216.13.007586-6/001, rel. Des. Wander Marotta, 7ª CC, j. 24.06.2014, DJ 27.06.2014, Agravo de Instrumento-Cv 1.0024.12.224909-7/001, rel. Des. Teresa Cristina da Cunha Peixoto, 8ª CC, j. 27.03.2014, DJ 07.04.2014.

Haja vista que se reserva às 8ª Primeiras Câmaras Cíveis do TJMG apreciar demandas do gênero pode-se, seguramente, concluir que se trate de posicionamento jurisprudencial consolidado no âmbito de cogitado órgão jurisdicional.

Idêntico, a sua vez, é o entendimento das Turmas da Primeira Seção do STJ, especializada em matérias de direito público, conforme as ementas abaixo colacionadas:

> ADMINISTRATIVO. PROCESSUAL CIVIL. ANTECIPAÇÃO DOS EFEITOS DA TUTELA EM AÇÃO CIVIL PÚBLICA CONTRA O ESTADO DE SERGIPE E A FUNDAÇÃO HOSPITALAR DE SAÚDE. FORNECIMENTO DE MEDICAMENTOS. AUSÊNCIA DE PREQUESTIONAMENTO DAS TESES VEICULADAS NO RECURSO ESPECIAL. SÚMULA 211/STJ. MULTA PREVISTA NO ART. 461, § § 4º E 5º, DO CPC. IMPOSIÇÃO AO AGENTE PÚBLICO QUE NÃO FIGUROU COMO PARTE NO PROCESSO. IMPOSSIBILIDADE. AFRONTA AO DIREITO DE AMPLA DEFESA. RECURSO ESPECIAL DESPROVIDO.

1 – O Tribunal de origem, apesar de instado a fazê-lo por meio dos competentes embargos de declaração, não se pronunciou sobre as teses versadas no presente recurso. Nesse contexto, caberia à parte recorrente, nas razões do apelo especial, indicar ofensa ao art. 535 do CPC, alegando a existência de possível omissão, providência da qual não se desincumbiu. Incide, pois, o óbice da Súmula 211/STJ.

2 – Ainda que assim não fosse, o entendimento exposto no acórdão impugnado se amolda à jurisprudência do Superior Tribunal de Justiça, firmada no sentido de que o agente público não pode ser pessoalmente condenado ao pagamento de astreintes se não figurou como parte na relação processual em que imposta a cominação, sob pena de afronta ao direito constitucional de ampla defesa. Precedentes.

3 – Recurso especial a que se nega provimento.

(REsp 1433805/SE, Rel. Min. Sérgio Kukina, 1ª T., j. 16.06.2014, *DJe* 24.06.2014).

e

PROCESSUAL CIVIL. ASTREINTES. ART. 461, § 4º, DO CPC. REDIRECIONAMENTO A QUEM NÃO FOI PARTE NO PROCESSO. IMPOSSIBILIDADE.PRECEDENTES.

1. Na origem, foi ajuizada Ação Civil Pública para compelir o Estado de Sergipe ao fornecimento de alimentação a presos provisórios recolhidos em Delegacias, tendo sido deferida antecipação de tutela com fixação de multa diária ao Secretário de Estado da Justiça e Cidadania, tutela essa confirmada na sentença e na Apelação Cível, que foi provida apenas para redirecionar as astreintes ao Secretário de Segurança Pública.

2. Na esteira do entendimento pacífico do Superior Tribunal de Justiça, admite-se a aplicação da sanção prevista no art. 461, § 4º do CPC à Fazenda Pública para assegurar o cumprimento da obrigação, não sendo possível, todavia, estendê-la ao agente político que não participara do processo e, portanto, não exercitara seu constitucional direito de ampla defesa. Precedentes.

3. *In casu*, a Ação Civil Pública fora movida contra o Estado de Sergipe – e não contra o Secretário de Estado –, de modo que, nesse contexto, apenas o ente público demandado está legitimado a responder pela multa cominatória.

4. Recurso Especial provido.

REsp 1315719/SE, rel. Min. Herman Benjamin, 2ª T., j. 27.08.2013, *DJe* 18.09.2013).[15]

Dos tantos precedentes citados conclui-se, enfim, que o pernicioso efeito multiplicador adquire ainda maior gravidade, já que a imposição em destaque vem se materializando ao arrepio da cláusula pétrea devido processo legal (art. 5.º, LIV, da CF/1988).

Isso porque, na espécie, contrariam-se os princípios constitucionais do contraditório e da ampla defesa (art. 5.º, LV).

De fato, pois – como não poderia deixar de ser – em ações civis do gênero, figura e, adite-se, deve figurar como ré a pessoa jurídica de direito público, à qual caberá, portanto, suportar os efeitos das decisões proferidas em tais processos, nos moldes, desnecessário pontuar, preestabelecidos pelo direito pátrio.

5. JUSTIFICATIVAS ATUAL E FUTURA PARA A ABORDAGEM

Independentemente de se refutarem os argumentos desenvolvidos nos tópicos anteriores, objeção de outra ordem pode ser apresentada, sob a forma da seguinte indagação: qual a utilidade de examinar-se o cabimento da medida processual específica, se a imposição de sanção está sendo questionada, com êxito, em sede recursal?

Ora, ora, desde quando admitida a convivência de ambos os institutos no ordenamento jurídico, mostra-se apropriado delimitar o âmbito de incidência de um e outro.

Quando nada, crítico leitor, se a delimitação propiciar a inibição de supostos abusos no emprego da medida – singular e excepcional – destaca-se.

Afinal, o direito, enquanto conjunto de regras e princípios criados pelo homem, não dispõe de vida própria. Bem por isso, seus institutos de ordem material e processual servirão a propósitos mais ou menos nobres, a partir das escolhas éticas dos sujeitos de direito, aí incluídos os respectivos operadores.

---

[15] No mesmo sentido, AgRg no AREsp 196.946/SE, rel. Min. Humberto Martins, 2ª T., j. 02.05.2013, *Dje*16.05.2013.

Pensando melhor, em tempo de *vacatio legis* da Lei 13.105,[16] por meio da qual se criou NCPC para o Brasil, pode afirmar-se que a reflexão lançada no parágrafo anterior não se restringe ao presente escrito, como uma primeira e apressada leitura faria supor.

6. CONCLUSÕES

Decisão provisória que imponha obrigação de fazer na área de saúde à pessoa jurídica de direito público, sob pena de responsabilização pessoal do Chefe do Poder Executivo, desorganiza o exercício de competências previamente estabelecidas em lei.

Tal subversão enseja prejuízo à coletividade, destinatária, ao fim das contas, de aludido exercício.

Sob esse ângulo, pode dizer-se que resta configurada violação à ordem pública.

Considerada a chamada "judicialização da saúde", mencionado pronunciamento ostenta aptidão para desencadear nocivo e significativo efeito multiplicador.

Sem contar, por fim, a mácula de que padecem tais decisões, eis que proferidas em desacordo com o devido processo legal constitucionalmente assegurado a quantos se encontrem submetidos à jurisdição pátria.

Com efeito, pois, no Estado Democrático de Direito brasileiro, pronunciamento jurisdicional sancionador deverá ter como alvo, de regra, uma das partes do processo respectivo.

Diante disso, viável obter a sustação parcial de efeitos de cogitado *decisum*, via requerimento dirigido à Presidência do Tribunal competente.

7. REFERÊNCIAS BIBLIOGRÁFICAS

BARROSO, Luís Roberto. Da falta de efetividade à judicialização excessiva: direito à saúde, fornecimento gratuito de medicamentos e parâmetros para a atuação judicial. Disponível em: <http://www.ejef.tjmg.jus.br/home/files/publicacoes/artigos/0132009.pdf>. Acesso em 20.03.2015.

16 Segundo o disposto no art. 1.045 da Lei 13.105/2015: "Este Código entra em vigor após decorrido 1 (um) ano da data de sua publicação oficial."

BRASIL. Supremo Tribunal Federal. Audiência Pública n. 4. Informação disponível em: <http://www.stf.jus.br/arquivo/cms/processoAudienciaPublicaSaude/anexo/Abertura_da_Audiencia_Publica__MGM.pdf>. Acesso em: 24.03.2015.

BRASIL. Supremo Tribunal Federal. STA 175. Informação disponível em: <http://www.stf.jus.br/arquivo/cms/noticiaNoticiaStf/anexo/STA175.pdf>. Acesso em: 26.03.2015.

BRASIL. Tribunal de Justiça de Minas Gerais. Informação disponível em: <http://www.ejef.tjmg.jus.br/home/judicializacao-da-saude/?page_id=183>. Acesso em: 24.03.2015.

DIDIER JR., Fredie; CUNHA, Leonardo Carneiro da. *Curso de Direito Processual Civil. Meios de impugnação às decisões judiciais e processo nos Tribunais*. Salvador: Editora Jus PODIVM. 7 ed., 2009. vol. 3.

JAYME, Fernando Gonzaga; FRANCO, Marcelo Veiga. O princípio do contraditório no Projeto do novo Código de Processo Civil. *Revista de Processo*. vol. 227. São Paulo: Ed. RT, jan. 2014.

MELO, Celso Antônio Bandeira de. *Curso de Direito Administrativo*. 13 ed., rev., atual. e ampl. São Paulo: Malheiros, 2001.

NERY JR., Nelson. Princípios do processo na Constituição Federal. 9. ed., rev., atual. e ampl. São Paulo: Ed. RT, 2009.

SOARES, Leonardo Oliveira. Ação e defesa no Estado Democrático de Direito brasileiro: existe possibilidade de equilíbrio? *NOVOS ESCRITOS DE DIREITO PROCESSUAL: ENTRE PRESENTE E FUTURO*. Belo Horizonte: Del Rey, 2015.

SOARES, Leonardo Oliveira. O requerimento de suspensão de eficácia de liminar como desdobramento do direito fundamental do réu à tutela jurisdicional adequada. *PRIMEIROS ESCRITOS DE DIREITO PROCESSUAL: faz escuro mas eu canto*. Belo Horizonte: Del Rey, 2013.

VERBIC, Francisco; BERIZONCE, Roberto Omar. Control judicial de políticas públicas (a propósito de um Proyecto de Ley Brasileño). *Revista Magister de Direito Civil e Processual Civil*. n. 56. Porto Alegre: Magister Editora, 2013.

VIANA, Emílio de Medeiros. A possibilidade de imposição de multa pessoal ao gestor público responsável pelo desatendimento de provimentos judiciais que imponham obrigações de fazer, não fazer e entregar no novo CPC. *Advocacia Pública. Coleção Repercussões do NOVO CPC*. ARAÚJO, José Henrique Mouta e CUNHA, Leonardo Carneiro da. (Coords.) Salvador: JusPODIVM, 2015. v. 3.

Capítulo IX

A SATISFAÇÃO PRÓPRIA DE CRÉDITOS PÚBLICOS: LEI ESPECIAL, INCIDÊNCIA SUBSIDIÁRIA DO NCPC E O PRINCÍPIO CONSTITUCIONAL DE DURAÇÃO RAZOÁVEL DO PROCESSO

EXECUÇÃO FISCAL EMBARGADA E AUSÊNCIA DE EFEITO SUSPENSIVO AUTOMÁTICO: DESDOBRAMENTO DA GARANTIA CONSTITUCIONAL DE SATISFAÇÃO TEMPESTIVA?[1]

> *Representa objeção de peso o questionamento sobre a devolução de valores, caso o embargante logre êxito, ao final, nos embargos.*
>
> *Pois bem. Por uma série de razões que não vem ao caso analisar, na órbita de execuções movidas pelos particulares, a vitória do embargante nem sempre se fará acompanhar de retorno a seu patrimônio do numerário outrora constrito.*
>
> *Realmente, pois não se pode ter como certa, e muito menos se constitui em pressuposto para o levantamento de numerário na execução a solvência do credor.*

---

1 Publicado originalmente na *Revista Dialética de Direito Processual*. n. 142, fev. 2015. Texto revisto. Corrigiram-se e atualizaram-se notas. Destaca-se, ainda, que não se ignora a tramitação, no Congresso Nacional, de projetos de lei que visam a disciplinar a chamada cobrança administrativa de créditos tributários. No entanto, a aprovação de tais projetos não desencadeará a extinção automática das milhares de execução fiscal em curso, nas quais se podem vivenciar desdobramentos procedimentais de que os tratados no texto se constituem em exemplos.

A rigor, tal qualidade deve recair é na pessoa do devedor para que, em tese, o processo de execução alcance o seu fim, por assim dizer, esperado.

Ora, se esse real inconveniente não impediu o legislador de modificar o procedimento executivo padrão, que dizer então das execuções movidas pela Fazenda Pública, a qual ostenta, de ordinário, e continuará a ostentar, queira Deus, a característica em apreço? (Leonardo Oliveira Soares, Revista Tributária e de Finanças Públicas. n. 103, mar./abr. 2012)

1. INTRODUÇÃO

Em setembro de 2014,[2] o Conselho Federal da Ordem dos Advogados do Brasil ajuizou ação direta de inconstitucionalidade, distribuída sob o n.5165-DF, na qual se pede a declaração de "nulidade parcial sem redução do texto contra a aplicação em concreto da norma extraída do art. 739-A do CPC, e seus respectivos parágrafos (incluídos no CPC pelo art. 2.º da Lei Federal nº 11.382/2006) às execuções fiscais."[3]

Dito artigo do CPC vigente encontra paralelo no correspondente art. 919 e respectivos parágrafos da Lei 13.105/2015, por intermédio da qual foi criado o NCPC.

Dessa maneira, as conclusões a que se vai chegar alcançam o direito processual em vigor não menos que o vindouro CPC.

Coube à eminente Ministra Carmen Lúcia a relatoria do relevante (será mesmo?) processo em apreço.

Haja vista que o tema de fundo foi objeto de recente apreciação pelo STJ, em sede de recurso repetitivo (REsp n. 1.272.827), crê-se que a palavra final ao propósito, conferida pelo Tribunal a que

---

2 A notícia, publicada em credenciado sítio eletrônico, recebeu a seguinte chamada: ADI sobre efeito suspensivo de embargos à execução fiscal terá rito sumário. Informação disponível em: <http://www.conjur.com.br/2014-out-08/adi-efeito-suspensivo-embargos-execucao-rito-sumario>. Acesso em: 28.10.2014.

3 Trecho extraído de decisão monocrática proferida na ADIN 5165. Informação disponível em: <file:///E:/Meus%20documentos/Downloads/texto_265169365.pdf>. Acesso em: 21.06.2015.

compete zelar pela uniformização da interpretação da legislação federal pátria, mereça o devido crédito.

Assim, e independentemente de qualquer juízo de valor sobre a admissibilidade mesma da ADin em tela, ou a respeito do pedido nela veiculado, segue, a título de contribuição para o debate, análise do *decisum* oriundo do STJ. A fim de facilitar o acompanhamento da exposição, eis a ementa da respeitável decisão cuja leitura, em sua íntegra, afigura-se de todo recomendável:

> PROCESSUAL CIVIL. TRIBUTÁRIO. RECURSO REPRESENTATIVO DA CONTROVÉRSIA. ART. 543-C, DO CPC. APLICABILIDADE DO ART. 739-A, §1º, DO CPC ÀS EXECUÇÕES FISCAIS. NECESSIDADE DE GARANTIA DA EXECUÇÃO E ANÁLISE DO JUIZ A RESPEITO DA RELEVÂNCIA DA ARGUMENTAÇÃO (FUMUS BONI JURIS) E DA OCORRÊNCIA DE GRAVE DANO DE DIFÍCIL OU INCERTA REPARAÇÃO (PERICULUM IN MORA) PARA A CONCESSÃO DE EFEITO SUSPENSIVO AOS EMBARGOS DO DEVEDOR OPOSTOS EM EXECUÇÃO FISCAL.
>
> 1. A previsão no ordenamento jurídico pátrio da regra geral de atribuição de efeito suspensivo aos embargos do devedor somente ocorreu com o advento da Lei n. 8.953, de 13, de dezembro de 1994, que promoveu a reforma do Processo de Execução do Código de Processo Civil de 1973 (Lei n. 5.869, de 11 de janeiro de 1973 – CPC/73), nele incluindo o §1º do art. 739, e o inciso I do art. 791.
>
> 2. Antes dessa reforma, e inclusive na vigência do Decreto-lei n. 960, de 17 de dezembro de 1938, que disciplinava a cobrança judicial da dívida ativa da Fazenda Pública em todo o território nacional, e do Código de Processo Civil de 1939 (Decreto-lei n. 1.608/39), nenhuma lei previa expressamente a atribuição, em regra, de efeitos suspensivos aos embargos do devedor, somente admitindo-os excepcionalmente. Em razão disso, o efeito suspensivo derivava de construção doutrinária que, posteriormente, quando suficientemente amadurecida, culminou no projeto que foi convertido na citada Lei n. 8.953/94, conforme o evidencia sua Exposição de Motivos – Mensagem n. 237, de 7 de maio de 1993, DOU de 12.04.1994, Seção II, p. 1696.
>
> 3. Sendo assim, resta evidente o equívoco da premissa de que a LEF e a Lei n. 8.212/91 adotaram a postura suspensiva dos

embargos do devedor antes mesmo de essa postura ter sido adotada expressamente pelo próprio CPC/73, com o advento da Lei n. 8.953/94, fazendo tábula rasa da história legislativa.

4. Desta feita, à luz de uma interpretação histórica e dos princípios que nortearam as várias reformas nos feitos executivos da Fazenda Pública e no próprio Código de Processo Civil de 1973, mormente a **eficácia material do feito executivo a primazia do crédito público sobre o privado** e a **especialidade das execuções fiscais**, é ilógico concluir que a Lei n. 6.830 de 22 de setembro de 1980 – Lei de Execuções Fiscais – LEF e o art. 53, §4º da Lei n. 8.212, de 24 de julho de 1991, foram em algum momento ou são incompatíveis com a ausência de efeito suspensivo aos embargos do devedor. Isto porque quanto ao regime dos embargos do devedor invocavam – com derrogações específicas sempre no sentido de dar maiores garantias ao crédito público – a aplicação subsidiária do disposto no CPC/73 que tinha redação dúbia a respeito, admitindo diversas interpretações doutrinárias.

5. Desse modo, tanto a Lei n. 6.830/80 – LEF quanto o art. 53, §4º da Lei n. 8.212/91 não fizeram a opção por um ou outro regime, isto é, são compatíveis com a atribuição de efeito suspensivo ou não aos embargos do devedor. Por essa razão, não se incompatibilizam com o art. 739-A do CPC/73 (introduzido pela Lei 11.382/2006) que condiciona a atribuição de efeitos suspensivos aos embargos do devedor ao cumprimento de três requisitos: apresentação de garantia; verificação pelo juiz da relevância da fundamentação (*fumus boni juris*) e perigo de dano irreparável ou de difícil reparação (*periculum in mora*).

6. Em atenção ao princípio da especialidade da LEF, mantido com a reforma do CPC/73, a nova redação do art. 736, do CPC dada pela Lei n. 11.382/2006 – artigo que dispensa a garantia como condicionante dos embargos – não se aplica às execuções fiscais diante da presença de dispositivo específico, qual seja o art. 16, §1º da Lei n. 6.830/80, que exige expressamente a garantia para a apresentação dos embargos à execução fiscal.

7. Muito embora por fundamentos variados – ora fazendo uso da interpretação sistemática da LEF e do CPC/73, ora trilhando o inovador caminho da teoria do “Diálogo das Fontes”, ora utilizando-se de interpretação histórica dos dispositivos (o que se faz agora) – essa conclusão tem sido a alcançada pela jurisprudência

predominante, conforme ressoam os seguintes precedentes de ambas as Turmas deste Superior Tribunal de Justiça. **Pela Primeira Turma**: AgRg no Ag 1381229 / PR, Primeira Turma, Rel. Min. Arnaldo Esteves Lima, julgado em 15.12.2011; AgRg no REsp 1.225.406/PR, Primeira Turma, Rel. Min. Hamilton Carvalhido, julgado em 15.02.2011; AgRg no REsp 1.150.534/ MG, Primeira Turma, Rel. Min. Benedito Gonçalves, julgado em 16.11.2010; AgRg no Ag 1.337.891/SC, Primeira Turma, Rel. Min. Luiz Fux, julgado em 16.11.2010; AgRg no REsp 1.103.465/RS, Primeira Turma, Rel.Min. Francisco Falcão, julgado em 07.05.2009. **Pela Segunda Turma**: AgRg nos EDcl no Ag n. 1.389.866/PR, Segunda Turma, Rel. Min. Humberto Martins, *DJe* de 21.9.2011; REsp, n. 1.195.977/RS, Segunda Turma, Rel. Min. Mauro Campbell Marques, julgado em 17/08/2010; AgRgnoAg n. 1.180.395/AL, Segunda Turma, Rel. Min. Castro Meira, *DJe* 26.2.2010; REsp, n, 1.127.353/SC, Segunda Turma, Rel. Min.ElianaCalmon, *DJe* 20.11.2009; REsp, 1.024.128/PR, Segunda Turma, Rel. Min. HermanBenjamin, *DJe* de 19.12.2008.

8. Superada a linha jurisprudencial em sentido contrário inaugurada pelo REsp. n. 1.178.883 – MG, Primeira Turma, Rel. Min. Teori Albino Zavascki, julgado em 20.10.2011 e seguida pelo AgRg no REsp 1.283.416/AL, Primeira Turma, Rel. Min. Napoleão Nunes Maia Filho, julgado em 02.02.2012; e pelo REsp 1.291.923/ PR, Primeira Turma, Rel. Min. Benedito Gonçalves, julgado em 01.12.2011.

9. Recurso especial provido.

(REsp n. 1.272.827 – PE- 1ª Seção, j. 22.05.2013, Rel. Min. Mauro Campbell Marques – *DJe*31.05.2013 Acórdão submetido ao regime do art. 543-C, do CPC, e da Resolução STJ n. 8/2008) (destaques do original).

2. DOS FUNDAMENTOS DA DECISÃO EM TELA DO STJ

Conforme dito, sob a sistemática do art. 543-C do CPC, a 1ª Seção do STJ estabeleceu que a filosofia subjacente à reforma do Livro II do CPC, levada a cabo com a entrada em vigor da Lei 11.382/06, aplica-se aos processos disciplinados pela Lei 6.830/80. Sendo mais específico, decidiu o Tribunal da cidadania que o art. 739-A,§ 1.º, do CPC rege os embargos à execução fiscal. Ou seja, que a apresentação de cogitada ação incidental não mais paralisa, de imediato, tais execuções. Por outras palavras, apenas se atendidos os requisitos discriminados em referida norma do CPC, fará juz o embargante à suspensão do procedimento estatuído na Lei especial citada.

Notadamente, afirmou-se no pronunciamento em análise, em vista de a aplicação subsidiária do CPC, no ponto, nunca haver se mostrado incompatível com a Lei 6.830, a qual, por sua vez, não disciplina a matéria.

A partir de interpretação histórica do processo executivo, em geral, e dos diplomas normativos voltados à satisfação de créditos públicos, em particular, pontuou-se, ainda, que esse último conjunto de regras sempre contemplou dispositivos próprios a fim de lograr-se o êxito pertinente.

Daí, concluiu-se que a suspensão do procedimento especial, por força da oposição de embargos, acabaria por dispensar benefício maior aos particulares em relação à satisfação dos créditos públicos, o que contraria a evolução histórica destacada no pronunciamento em exame.

Isso porque, pela atual sistemática, disposta no Livro II do CPC, a ação cognitiva em tela não mais interrompe, de modo automático, o curso da demanda satisfativa comum.

Para assim concluir, foi desenvolvido criterioso estudo sobre a evolução legislativa do processo executivo *in* gênero.

Nessa empreitada, analisou-se o CPC de 1939 e o regime a respeito implantado com a entrada em vigor do "Código Buzaid".

Desde então, enfatizou o Relator, surgira acesa divergência doutrinária e jurisprudencial quanto aos efeitos da apresentação de embargos à execução de títulos extrajudiciais. Com efeito, eis que não havia, no CPC, disciplina para o assunto.

Desse modo, havia quem entendesse que a oposição ensejaria pronta interrupção do curso do processo satisfativo, enquanto outros se posicionavam pelo prosseguimento da demanda executiva.

Sobre o ponto, destacou-se a alteração legislativa promovida, em 1994, no regime dos embargos, por intermédio de que se estabeleceu que o emprego dos mesmos ensejaria suspensão *ex lege* do procedimento jurissatisfativo.

Após aludida modificação, ressaltou-se na decisão, tanto as execuções de título extrajudicial regidas pelo CPC vigente quanto à disciplinada pela Lei 6.830/80 passaram a ostentar trâmite único, desde quando manejados os embargos. Por certo, uma vez atendidos os demais requisitos legais, *v.g.* prazo de apresentação, garantia do juízo. Garantia, a sua turno, que permanece sendo exigida em se tratando das execuções fiscais, dado o princípio da especialidade,[4] gizado no pronunciamento em foco.

Pois bem. Com a entrada em vigor da Lei 11.382/06, que afastou o denominado efeito suspensivo *ope legis* da ação incidental em evidência, mencionada unicidade, salientou o Ministro Relator, passou ser questionada, ao fundamento de que a Lei 6.830/80 prevê, ainda que de modo indireto, a paralisação do processo satisfativo, em virtude do manejo de embargos. Sendo que esse raciocínio leva à instituição de inaceitável regime diferenciado para satisfazer-se o credor, eis que prejudicial à coletividade, detentora, ao fim e ao cabo, dos créditos públicos.

Daí, no intuito de dirimir a divergência, materializada nos precedentes das 1ª e 2ª Turmas do STJ, cujas ementas foram transcritas ao longo do voto em análise, proferiu-se, sob o regime do art. 543-C, do CPC, a decisão unânime, com a qual se uniformizou a interpretação sobre o assunto.

É verdade que, a partir de judiciosa lição doutrinária,[5] afigura-se legítimo ponderar que:

> A uniformização de jurisprudência pressupõe a existência atual ou potencial de divergência de interpretação do direito. Funda-se no princípio da isonomia. Já o procedimento previsto para a hipótese de recursos repetitivos não visa à uniformização da jurisprudência, pois prescinde da existência de divergência, mas visa, apenas, à simplificação do julgamento dos recursos agrupados e à redução do número de futuros recursos. Funda-se em razões de natureza econômica.

---

4 Pela desnecessidade de garantia do juízo, vide a respeitável posição de CUNHA, Leonardo José Carneiro da. Novas Reflexões sobre os embargos à execução fiscal: Desnecessidade de prévia garantia do juízo e casos de efeito suspensivo automático. *RDDP* 62/58.

5 ZVEIBIL, Daniel Guimarães; TEIXEIRA, Guilherme Silveira; MESQUITA, José Ignácio Botelho de; DELLORE, Luiz Guilherme Pennacchi; MORETO, Mariana Capela Lombardi; AMADEO, Rodolfo da Costa Manso Real. A repercussão geral e os recursos repetitivos. Economia, Direito e Política. *RePro* 220/25.

No entanto, é fato que, no caso em apreço, a diversidade de entendimento das Turmas do STJ competentes para exame da matéria foi, de modo expresso, destacada e analisada, o que autoriza afirmar tenha havido, com efeito, a oportuna uniformização.

Dessa maneira, estabeleceu-se que a oposição de embargos apenas propiciará paralisação do executivo fiscal se e somente se, de modo concomitante, os requisitos estatuídos no art. 739-A, § 1.º, do CPC restarem demonstrados, a saber:

1) versarem os embargos fundamentação relevante;
2) houver risco de dano irreparável ou de difícil reparação e
3) estar o juízo garantido.

Nada obstante tenha sido estabelecida a incidência subsidiária, não houve manifestação explícita sobre a possibilidade de a suspensão operar-se *ex officio*.[6] Tanto que da respectiva ementa não constou a exigência de prévio requerimento do embargante.[7] Ao propósito, pede-se licença para reproduzir comentário feito noutra oportunidade,[8] no qual se acentuou que:

> (...) diferentemente do que ocorre em relação aos embargos de devedor, na impugnação oferecida na fase executiva (processo sincrético) não se mostra obrigatória a formulação de requerimento de

---

6 Em dois precedentes (Agravo de Instrumento n.º 2009.053762-1, de Joinville, Relator: Des. Newton Jankeo, j. 9.02.2010 e Agravo de instrumento n.º 2009.023148-2, de Joinville. Rel. Des. Vanderlei Romer, j. em 31.07.2009), o egrégio TJSC apoiou-se (também) em trabalho anterior de nossa autoria para afastar o deferimento, de ofício, de efeito suspensivo aos embargos. Ainda sobre o ponto, registra-se que, segundo autorizada lição doutrinária, toda vez que o legislador pretende condicionar a atribuição de efeito suspensivo a requerimento da parte, a exigência consta do texto legal. ASSIS, Araken de. *Cumprimento de Sentença.* Rio de Janeiro: Forense, 2006, p. 348-349. Pelo deferimento de efeito suspensivo *exofficio*, vide REDONDO, Bruno Garcia. Efeito suspensivo dos embargos do executado: aspectos relevantes. *RDDP* 87/10.

7 Em precedentes listados ao longo do voto (por exemplo, REsp. 1.024.128/PR, 2ª Turma, Rel. Min. Herman Benjamin, *DJe* 19.12.2008), e que serviram de fundamento para a decisão em exame, há expressa menção à exigência de formulação de requerimento pelo embargante.

8 SOARES, Leonardo Oliveira. O caráter dúplice do direito de ação e a efetividade da tutela executiva no Estado Democrático de Direito Brasileiro. *RBDPro* 76/87.

> efeito suspensivo. A razão é simples. Vai estar-se diante de efetivação de comando contido na sentença, pronunciamento estatal que resolve o conflito. Por isso, se interessa ao Estado alcançar o resultado prático de modo mais célere, interessará de igual modo impedir que a efetivação venha causar dano irreparável ao executado. Em síntese, em nome da própria efetividade da tutela jurisdicional, está o juiz autorizado a deferir *ex officio* efeito suspensivo à impugnação. Bem por isso, o art. 475-M do CPC (art. 511, § 2.º, do projeto de NCPC) não condiciona a atribuição de efeito suspensivo a requerimento da parte, como o faz o art. 739-A, § 1.º, do CPC (art. 875, § 1.º do projeto de NCPC).

Não bastasse a condicionante legal mencionada na passagem acima (art. 739-A, § 1.º, do CPC), enfatiza-se que também se encontra obstada a conversão do recurso de agravo da decisão sobre o requerimento em apreço. Realmente, pois não há interesse em recorrer, sob a forma retida, eis que o agravo apenas será apreciado ao tempo em que se vier a julgar eventual apelação, sendo inviável, a essa altura, paralisar ou determinar a continuidade da execução senão a partir do exame do recurso da sentença. Vale dizer, a expropriação de bens, acaso deferida em grau recursal, não poderá retroceder à época em que iniciada a ação cognitiva incidental. De outro lado, na hipótese de o Tribunal determinar a suspensão do feito executivo, nem por isso terá deixado de existir, por exemplo, a venda dos bens constritos, realizada durante a tramitação dos embargos em primeiro grau de jurisdição.[9]

Desse modo, resta inadmissível, seja a suspensão *ex officio* da execução fiscal, seja a interposição retida, seja, ainda, a conversão do agravo de instrumento.

Dito isso, finaliza-se o item com a afirmação de que o voto em análise se apresenta de todo compatível com a garantia constitucional de duração razoável do processo, estatuída no art. 5.º, LXXVIII, da CF/1988. De fato, pois citada garantia alcança o módulo cognitivo não menos que o executivo. Em proveito dos particulares não menos que da Fazenda Pública, caro leitor.

---

[9] Acertadamente, o NCPC prevê, em seu art. 1015, X, o cabimento de agravo de instrumento da decisão da decisão que verse concessão, modificação ou revogação do efeito suspensivo aos embargos à execução.

3. CONSEQUÊNCIAS DE ORDEM ESTRITAMENTE PROCESSUAL DO PRONUNCIAMENTO DA 1ª SEÇÃO DO STJ

No tópico anterior, afirmou-se que ocorreu pacificação jurisprudencial. A assertiva se apoia, linhas gerais, em dois argumentos centrais. Ei-los.

Primeiro, a decisão unânime – apesar da judiciosa ressalva doutrinária transcrita à finalidade dos denominados julgamentos repetitivos – emanou do órgão específico do STJ (1ª Seção) competente para examinar a divergência de posicionamento das Turmas de direito público daquele Tribunal.

Em segundo lugar, em virtude de o STF, não faz muito tempo, haver negado a existência de repercussão geral em recurso extraordinário que versou o tema.[10] Confira-se a ementa pertinente:

> EXECUÇÃO FISCAL. CONCESSÃO DE EFEITO SUSPENSIVO AOS EMBARGOS DO DEVEDOR. APLICAÇÃO DO ART. 739-A DO CPC. APLICAÇÃO DOS EFEITOS DA AUSÊNCIA DE REPERCUSSÃO GERAL, TENDO EM VISTA TRATAR-SE DE DIVERGÊNCIA SOLUCIONÁVEL PELA APLICAÇÃO DA LEGISLAÇÃO FEDERAL. INEXISTÊNCIA DE REPERCUSSÃO GERAL.
>
> (RE n° 626.468/RS, Rel. Min. Ellen Gracie, *DJE* 23.11.10).

Assim, considerados a força persuasiva, é verdade, do precedente em análise (REsp. 1.272.827), e o fato de que não houve deferimento de liminar na Adin 5165-DF, a qual pode mesmo sequer a vir ser apreciada em seu mérito, conclui-se que, até segunda ordem,[11] encontra-se pacificada a compreensão da matéria, pois decidida por específico órgão do Tribunal a que compete zelar pela uniformização da interpretação da legislação federal pátria (art. 105, III, c, da CF/1988).

---

10 Vencidos os Ministros Gilmar Mendes e Marco Aurélio, os quais reconheceram a presença de repercussão geral no que toca à segurança jurídica e ao direito de propriedade.

11 Diz-se isso, pois se tem ciência da existência de embargos de divergência (EREsp 1.178.883) nos quais o tema em apreço se encontra pendente de exame. Informação disponível em: https://ww2.stj.jus.br/processo/pesquisa/. Acesso em: 09.06.2015.

Dessa maneira, pode dizer-se que, agora, encontram-se os relatores, nos Tribunais locais, autorizados a dar provimento, de forma monocrática e desde que sob a regência do contraditório, a agravo de instrumento de interlocutórias que venham afastar a aplicação subsidiária em tela, nos termos do que dispõe o art. 557, § 1.º-A, do CPC. Do mesmo modo, e segundo os dizeres do art. 557, *caput*, do CPC, deverá ser negado seguimento a mencionado recurso, se veiculada tese de reforma de decisões singulares concordes com a posição, enfim harmonizada, do STJ.

Por último, quanto à celeridade ora defendida no plano recursal, oportuno recordar o parágrafo com que se encerrou o item anterior. Com efeito, pois a garantia constitucional então enfatizada alcança o módulo executivo não menos que o cognitivo. Em proveito dos particulares não menos que da Fazenda Pública, atento leitor.

4. OBSERVAÇÃO SISTÊMICA

A uniformização empreendida por aludido órgão jurisdicional não encerra, contudo, as discussões referentes à satisfação, via jurisdição, dos créditos públicos. De fato, e sempre com o mais absoluto respeito, pouco adiantará determinar-se a continuidade da execução fiscal embargada, se o levantamento de valores pela coletividade ficar condicionado, de modo absoluto, ao trânsito em julgado de decisão desfavorável ao embargante. E, salvo melhor juízo, nesse sentido caminha o STJ, conforme se infere de outro judicioso pronunciamento daquele Tribunal:

> PROCESSUAL CIVIL E TRIBUTÁRIO. EMBARGOS DE DIVERGÊNCIA EM RECURSO ESPECIAL. EMBARGOS À EXECUÇÃO JULGADOS IMPROCEDENTES. CONVERSÃO EM RENDA DE DEPÓSITO JUDICIAL DECORRENTE DE PENHORA ON-LINE (BACEN-JUD). TRÂNSITO EM JULGADO. NECESSIDADE. ART. 32, § 2º, DA LEF.
>
> 1. Embargos de divergência pelos quais se busca dirimir dissenso pretoriano quanto à possibilidade de conversão em renda de valores penhorados (penhora *online – Bacen-Jud*) antes do trânsito em julgado da sentença de improcedência dos embargos à execução fiscal.

> 2. "O art. 32, § 2º, da Lei 6.830/80 é norma especial, que deve prevalecer sobre o disposto no art. 587 do CPC, de modo que a conversão em renda do depósito em dinheiro efetuado para fins de garantia da execução fiscal somente é viável após o trânsito em julgado da decisão que reconheceu a legitimidade da exação. Em virtude desse caráter especial da norma, não há falar na aplicação do entendimento consolidado na Súmula 317/STJ" (EREsp 734.831/MG, Rel. Ministro Mauro Campbell Marques, Primeira Seção, DJe 18/11/2010).
>
> 3. Esse entendimento deve ser estendido para os valores decorrentes de penhora *online*, via *Bacen-Jud*, na medida em que o art. 11, § 2º, da Lei 6.830/80, preconiza que "[a] penhora efetuada em dinheiro será convertida no depósito de que trata o inciso I do art. 9º."
>
> Assim, tendo em vista que a penhora em dinheiro, por expressa determinação legal, também é efetivada mediante conversão em depósito judicial, o seu levantamento ou conversão em renda dos valores deve, de igual forma, aguardar o trânsito em julgado da sentença dos embargos à execução fiscal.
>
> 4. Embargos de divergência não providos.
>
> (EREsp 1189492/MT, Rel. Min. Benedito Gonçalves, 1.ª Seção, j. 26.10.2011, *DJe*07.11.2011) (aspas no original).

Sobre o ponto, pede-se licença para registrar que, já em 2009, fora apresentada tese no I Congresso dos Procuradores do Estado de Minas Gerais, na qual se defendeu a aplicação subsidiária do art. 739-A, § 1.º, do CPC aos embargos às execuções fiscais. Noutros dois estudos posteriores, a fim de responder eventuais objeções à tese, desenvolveu-se o tema, inclusive no que toca à movimentação de valores no desenrolar do executivo especial em apreço.[12]

---

[12] Os dois primeiros textos – Embargos de devedor e execução fiscal (efeito suspensivo sob a ótica jurisprudencial) e Execução fiscal: "definitiva e provisória"? – em versões revistas e atualizadas, podem ser lidos in SOARES, Leonardo Oliveira. *PRIMEIROS ESCRITOS DE DIREITO PROCESSUAL: faz escuro mas eu canto.* Belo Horizonte: Del Rey, 2013, p. 179-192 e p. 193-208, respectivamente. O terceiro estudo, intitulado Novas Considerações sobre a denominada "execução fiscal: (definitiva) e provisória", foi disponibilizado na *RTrib*103/349-360.

5. E A ADIN N. 5.165-DF?

O acertado entendimento a que chegou a 1ª Seção do STJ no julgamento do REsp 1.272.827 poderá, com efeito, ser rechaçado pelo STF.

Considerado, porém, o posicionamento atual do STJ sobre a inadmissibilidade de levantamento de numerário no curso do executivo fiscal embargado, forçoso convir que o desfecho da ADin em apreço, seja ele qual for,[13] não proporcionará, em termos práticos, significativa mudança no modo atual de satisfação do credor nas execuções fiscais embargadas – e não são poucas! – em curso no país.

6. CONCLUSÃO

O pronunciamento da 1ª Seção do STJ ao propósito da incidência do art. 739-A e respectivos parágrafos do CPC – correspondente ao art. 919 e correlatos parágrafos do NCPC – nas execuções fiscais apresenta-se de todo correto.

Com efeito, eis que privilegia a efetividade do processo de execução de títulos extrajudiciais em gênero.

A partir de aludida decisão, e em nome da garantia maior de duração razoável dos processos, estão os relatores, nos Tribunais locais, autorizados a julgar, monocraticamente, recursos de agravo, toda vez que se pretenda negar aplicação ao entendimento consolidado do STJ.

Essa autorização não afasta, contudo, a análise das particularidades do caso concreto. Muito menos poderá ser exercida, como, de resto, nenhuma outra, em desacordo com o princípio maior do contraditório.

Em suma, o direito constitucional à duração razoável do processo – previsto no art. 5.º, LXXVIII, da CF/1988 – engloba o processo satisfativo tanto quanto o cognitivo. Em benefício dos particulares não menos que da Fazenda Pública.

---

13 Em manifestação nos autos da ADIN em tal, a Procuradoria Geral de República opinou pelo não conhecimento, caso superada a preliminar, pela improcedência do pedido. O inteiro teor do parecer encontra-se disponível em: <file:///E:/Meus%20documentos/Downloads/texto_306537789.pdf>. Acesso em 20.11.2015.

Nada obstante, o tema (recebimento de créditos públicos) ainda oferece espaço para outras tantas discussões, a começar por aquela que envolve o resgate de numerário pelo exequente no curso da execução fiscal.

À luz da atual posição do STJ quanto à impossibilidade de movimentação de valores, uma vez oferecidos embargos no curso do procedimento regido pela Lei 6.830/80, pode dizer-se que o resultado da ADin 5.165/DF, seja ele qual for, não irá proporcionar considerável impacto – como uma apressada leitura poderia fazer supor – na forma atual de satisfação do exequente nas tantas execuções fiscais embargadas em trâmite no país.

7. REFERÊNCIAS BIBLIOGRÁFICAS

ADI sobre efeito suspensivo de embargos à execução fiscal terá rito sumário. Informação disponível em: <http://www.conjur.com.br/2014-out-08/adi-efeito-suspensivo-embargos-execucao-rito-sumario>. Acesso em: 28.10.2014.

ASSIS, Araken de. *Cumprimento de Sentença.* Rio de Janeiro: Forense, 2006.

BRASIL. Superior Tribunal de Justiça. EREsp 1.178.883. Informação disponível em: https://ww2.stj.jus.br/processo/pesquisa/. Acesso em: 09.06.2015.

BRASIL. Supremo Tribunal Federal. ADIN 5165. Informação disponível em: <file:///E:/Meus%20documentos/Downloads/texto_265169365.pdf>. Acesso em: 21.06.2015.

BRASIL. Supremo Tribunal Federal. ADIN 5165. Informação disponível em: <file:///E:/Meus%20documentos/Downloads/texto_306537789.pdf>. Acesso em: 22.11.2015.

CUNHA, Leonardo José Carneiro da. Novas Reflexões sobre os embargos à execução fiscal: Desnecessidade de prévia garantia do juízo e casos de efeito suspensivo automático. *Revista Dialética de Direito Processual.* n. 62. São Paulo: Dialética, maio 2008.

REDONDO, Bruno Garcia. Efeito suspensivo dos embargos do executado: aspectos relevantes. *Revista Dialética de Direito Processual.* n. 87. São Paulo: Dialética, jun. 2010.

SOARES, Leonardo Oliveira. Embargos de devedor e execução fiscal (efeito suspensivo sob a óptica jurisprudencial). *PRIMEIROS ESCRITOS DE DIREITO PROCESSUAL:* faz escuro mas eu canto. Belo Horizonte: Del Rey, 2013,

SOARES, Leonardo Oliveira. Execução fiscal: "definitiva e provisória"? *PRIMEIROS ESCRITOS DE DIREITO PROCESSUAL: faz escuro mas eu canto.* Belo Horizonte: Del Rey, 2013.

SOARES, Leonardo Oliveira. Novas Considerações sobre a denominada "execução fiscal: (definitiva) e provisória?" *Revista Tributária e de Finanças Públicas.* n. 103. São Paulo: Ed. RT, mar./abr. 2012.

SOARES, Leonardo Oliveira. O caráter dúplice do direito de ação e a efetividade da tutela executiva no Estado Democrático de Direito brasileiro. *Revista Brasileira de Direito Processual.* n. 76. Belo Horizonte: FÓRUM, out./dez. 2011.

ZVEIBIL, Daniel Guimarães; TEIXEIRA, Guilherme Silveira; MESQUITA, José Ignácio Botelho de; DELLORE, Luiz Guilherme Pennacchi; MORETO, Mariana Capela Lombardi; AMADEO, Rodolfo da Costa Manso Real. A repercussão geral e os recursos repetitivos. Economia, Direito e Política. *Revista de Processo.* vol. 220. São Paulo: Ed. RT, jun. 2013.

Capítulo X

ANÁLISE PARTICULARIZADA DO INSTITUTO JURÍDICO DA PRESCRIÇÃO

AINDA O PRAZO PRESCRICIONAL DAS PRETENSÕES INDENIZATÓRIAS EXERCITADAS CONTRA A FAZENDA PÚBLICA NO ESTADO DEMOCRÁTICO DE DIREITO BRASILEIRO[1]

> *Como os fenômenos jurídicos, muita vez, encontram paralelo com os do cotidiano, permito-me fazer a seguinte afirmação: apenas quem nunca sofreu uma desilusão amorosa terá dificuldade em entender o valor do tempo para a estabilização das relações sociais.*
>
> *E tendo em mente o que ocorre, ai de nós!, na esfera de nossa diacrônica vivência, não será preciso fazer maior esforço para compreender o que se acaba de dizer"(Condenação penal de agentes públicos: pressuposto para a afirmação da dignidade da pessoa humana no Estado Democrático de Direito brasileiro? (Leonardo Oliveira Soares. Revista Síntese Direito Penal e Processual Penal. n. 80, jun./jul. 2013).*

1. INTRODUÇÃO

Com o escrito, pretende-se discutir uma das tantas facetas do princípio constitucional da isonomia, considerado o plano de concretização judicial do direito.

Antes, porém, algumas premissas devem ser assentadas. Ei-las.

---

1 Divulgado originalmente na *Revista de Processo*. vol. 228, fev. 2014. Texto revisto e acrescido de tópico conforme o NCPC.

No Estado Democrático de Direito pátrio, vige o princípio da inafastabilidade (art. 5.º, XXXV, da CF/1988). Além disso, a Lei Maior brasileira, em seu art. 1.º, III, consagrou o princípio da dignidade da pessoa humana. Como não poderia deixar de ser, contemplou, a Magna Carta, série de obrigações estatais,[2] a partir das quais aludido princípio deve ser concretizado nas múltiplas e cotidianas relações travadas entre cidadãos e Poder Público. Some-se a isso o comportamento de agentes estatais, nem sempre (até quando?) compatível com os princípios maiores da legalidade democrática e da moralidade, e pode obter-se a exata medida da abrangência da decisão unânime proferida no julgamento do REsp 1.251.993/PR,[3] eleita para análise no texto. Ou melhor, acresça-se ao quanto exposto acima o entendimento pretoriano majoritário a respeito da gratuidade de acesso ao Poder Judiciário, segundo o qual a simples alegação de pobreza induz presunção – *iuris tantum*, é verdade – de ausência de condições para suportar os ônus financeiros da demanda.

Agora, sim, caro leitor, pode examinar-se, com maior proveito, o alcance concreto da tese firmada no pronunciamento jurisdicional em destaque. Sem prejuízo, em todo caso, de as conclusões que se vai apresentar suscitarem outras indagações sobre a relevância, seja do instituto da prescrição, seja do princípio da igualdade para a construção e afirmação do Estado Democrático de Direito brasileiro.

Aí, portanto, os propósitos – de ordem prática e teórica, respectivamente – do autor do presente texto.

Dito isso, é hora de apresentar síntese do quanto restou decidido no REsp 1.251.993/PR.

---

2 Pense-se, por exemplo, na obrigação estatal de prestar assistência à saúde (art. 196 da CF/1988). Terá mesmo o Texto Constitucional consagrado a responsabilidade solidária, na espécie, a envolver União, Estados e Municípios? Sobre o ponto, consulte-se SOARES, Leonardo Oliveira. Solidariedade e judicialização da Saúde. *PRIMEIROS ESCRITOS DE DIREITO PROCESSUAL: faz escuro mas eu canto.* Belo Horizonte: Del Rey, 2013, p 279-283.

3 Conforme se verá adiante, na respeitável decisão, examinou-se o prazo para exercício de pretensões indenizatórias contra a Fazenda Pública. Íntegra do acórdão pode ser lida in *RePro* 220/432-446.

2. RESUMO DA DECISÃO PROFERIDA PELA 1.ª SEÇÃO DO STJ

Sob a técnica do denominado julgamento de recursos repetitivos, disposta no art. 543-C do CPC, decidiu a 1ª Seção do STJ que as pretensões indenizatórias deduzidas contra a Fazenda Pública, autarquias, entidades e órgãos paraestatais, criados por lei, e mantidos mediante impostos, taxas ou quaisquer contribuições, bem como contra pessoas jurídicas de direito privado, prestadoras de serviço público,[4] sujeitam-se à prescrição quinquenal. Vale dizer, entendeu-se que o Dec.-Lei 20.910/32, com as alterações legislativas posteriores que se seguiram, continua a reger tais pretensões, nada obstante a regra estatuída no art. 206, § 3.º, V, do NCCB.

Nada obstante o enfoque da abordagem – pontuado ao iniciar-se o texto – seguem, em primeira mão, considerações de ordem infraconstitucional a respeito do tema. A justificativa para tanto: o fato de a decisão sobre a qual se vai discorrer haver se apoiado em interpretação conferida a cogitado conjunto de regras.

3. A PRESCRIÇÃO DAS PRETENSÕES INDENIZATÓRIAS DEDUZIDAS CONTRA A FAZENDA PÚBLICA À LUZ DO DIREITO INFRACONSITUCIONAL PÁTRIO

Para chegar à conclusão, já agora detalhada, foram apresentados três argumentos centrais, a saber:

a) norma geral não derroga a específica,
b) a abertura sistêmica estatuída no art. 10 do Decreto Lei em tela diz respeito às disposições normativas prescricionais em vigor à época da edição de aludido diploma legal e
c) as hipóteses de incidência do NCCB em relações jurídicas de que a Fazenda Pública faça parte foram listadas, de modo expresso, em referido Código.

Como primeira observação, não parece haver dúvida de se tratar o Dec.-Lei 20.910/32 de regra própria, por intermédio de que se

---

4 Consoante art. 1º-C, da Lei 9.494/97, incluído pela Medida Provisória nº 2.180-35, de 2001: "Prescreverá em cinco anos o direito de obter indenização dos danos causados por agentes de pessoas jurídicas de direito público e de pessoas jurídicas de direito privado prestadoras de serviços públicos".

regulou o prazo para o ajuizamento de ações contra a Fazenda Pública. A justificativa da diferenciação não repousou na atual forma de responsabilizar-se o Estado, no caso, a modalidade objetiva, tal como prevê o art. 37, § 6.º, da CF/1988. Entre outras razões, porque, ao tempo em que editado o Decreto, nem mesmo se poderia dizer que prevalecia esse entendimento.[5]

Ou seja, a diferenciação levou em conta o fato de figurar no polo passivo do processo a Fazenda Pública.

Pois bem. Em leitura, por assim dizer, mais radical, poder-se-ia dizer que o disposto no art. 1º do Dec.-Lei 20.910/32, acompanhado das alterações legislativas que se sucederam,[6] sequer restou recepcionado pela nova ordem constitucional pátria. Com efeito, eis que incompatível, por suposto, com o postulado da igualdade, vetor do Estado Democrático de Direito pátrio que se implantou (*rectius:* que se busca implantar) desde a promulgação da Lei Maior vigente. Ora, mas o CC/1916 previa, em seu art. 178, § 10, VI, o prazo prescricional de 5 anos para o exercício de pretensão indenizatória contra a Fazenda Pública![7]

De todo modo, aceita a incompatibilidade em foco e considerada a revogação de citado Código, ter-se-ia a ausência de norma específica para regular a matéria, pelo que haveria de incidir a regra

---

[5] Segundo CAVALIERI FILHO: "O primeiro dispositivo legal que tratou especificamente da responsabilidade civil do Estado foi o art. 15 do Código Civil de 1916, que dizia: "As pessoas jurídicas de direito público são civilmente responsáveis por atos dos seus *representantes* que nessa *qualidade causem danos a terceiros,* procedendo de modo contrário ao direito ou faltando a dever prescrito por lei, salvo o direito regressivo contra os causadores do dano."
Não obstante a redação ambígua desse dispositivo, o que ensejou alguma controvérsia inicial, a melhor doutrina acabou firmando o entendimento no sentido de ter sido, nele, consagrada a teoria da culpa como fundamento da responsabilidade civil do Estado". *Programa de Responsabilidade Civil.* 6. ed. Malheiros Editores, 2006, p. 254-255 (destaques e aspas no original).

[6] Exemplificativamente, Decreto-Lei 4.597/42 (art. 2.º).

[7] A rigor, cuidava o CC/1916 de prazo para a propositura de ações de toda ordem contra o Poder Público. Eis a redação do dispositivo legal:
"Art. 178 – Prescreve:
§ 10 – Em cinco anos:
V – As dívidas passivas da União, dos Estados e dos Municípios, e bem assim toda e qualquer ação contra a Fazenda Federal, Estadual ou Municipal; devendo o prazo da prescrição correr da data do ato ou fato do qual se originar a mesma ação."

comum, qual seja, a que prevê a prescrição trienal (art. 206, § 3.º, V, do NCCB). No entanto, não se constitui em intento dessa breve resenha crítica suscitar a presente discussão, eis que, no *decisum* em referência, admitiu-se a recepção do Dec.-Lei 20.910/32 pela CF/1988. A não ser assim, que outro fundamento levou aludida Corte à conclusão de que, *in casu*, incide a prescrição quinquenal nas demandas destacadas no início do tópico em exposição?

No que se refere ao segundo fundamento cogitado no pronunciamento em exame, não se discute que aludido Decreto, em seu art. 10, propiciou abertura sistêmica quanto às regras prescricionais mais *favoráveis* à Fazenda Pública vigentes ao tempo de criação do diploma normativo especial.

Essa constatação não afasta, entretanto, a incidência de regras posteriores nas quais haja previsão de prazo inferior àquele previsto no art. 1º do Dec.-Lei 20.910/32 para o exercício de pretensão contra o Poder Público. Explica-se. Se a finalidade fora preservar situações *benéficas* à Fazenda Pública, mostra-se compatível com esse intuito que regras àquela época vigentes não menos que as futuras – apoiadas na autorização estatuída no art. 10 de referido Decreto – venham incidir, desde que, com isso, logre-se êxito no fim almejado.

Afinal, que justificativa haveria para que o Decreto se ocupasse tão só com o momento histórico no qual veio ao mundo jurídico? Por outras palavras, não parece que a coletividade, hoje, deixe de merecer o tratamento que se lhe buscou dispensar outrora. Isso, ressalta-se, admitida a compatibilidade do Dec.-Lei em destaque com o Texto Constitucional atual.

Quanto ao terceiro ponto, afirma-se que as disposições normativas do NCCB alusivas, de modo expresso, à Fazenda Pública contemplaram situações exemplificativas. Quer-se dizer, não há nenhum comando no NCCB estabelecedor de que suas regras irão disciplinar relações jurídicas de que a Fazenda Pública faça parte apenas nas hipóteses taxativamente elencadas em citado Código. Analisar, de modo casuístico, todas as situações e em que medida tal incidência poderá ocorrer escapa, por certo, do propósito do escrito.

Feitas essas observações – todas elas circunscritas, em maior ou menor escala, ao plano do direito infraconstitucional – segue proposta de interpretação conforme a Lei Maior pátria, sugerida em estudo pretérito[8] e, aqui, sucintamente desenvolvida no próximo item.

4. INTERPRETAÇÃO CONFORME A CONSTITUIÇÃO FEDERAL EM VIGOR[9]

Já se ressaltou que o Dec.-Lei 20.910/302, em seu art. 10, afastou a incidência do art. 1.º do Decreto nos casos em que haja prazo prescricional menor previsto em lei ou regulamento. E o NCCB estabelece, no art. 206, § 3.º, V, que será de três anos o prazo para o exercício de pretensão indenizatória.

Desse modo, ao sustentar-se a persistência da prescrição quinquenal – nos moldes do que restou decidido pelo STJ – está sendo dito, salvo melhor juízo, que o legislador instituiu prazo que beneficia o particular, porventura réu em processo indenizatório. Ou, por outras palavras, que se legislou em detrimento da coletividade.[10] Sim, eis que, em se tratando de ação ajuizada contra particular, o prazo prescricional será mais exíguo de que aquele a incidir quanto à pretensão similar deduzida contra o Poder Público (ou seria melhor dizer contra a coletividade, dado que sobre esta, no fim das contas, recairão os efeitos da imutabilidade da norma condenatória contida na decisão jurisdicional).[11]

---

8 SOARES, Leonardo Oliveira. O prazo prescricional das ações (pretensões) indenizatórias propostas contra o Poder Público no Estado Democrático de Direito Brasileiro. *RePro* 195. As ideias desenvolvidas em citado escrito foram aprovadas, de modo unânime, sob a forma de tese, no XXXVII Congresso Nacional de Procuradores de Estado, que ocorreu no segundo semestre de 2011 na capital mineira.

9 O tópico corresponde, linhas gerais, àquele desenvolvido no estudo destacado em nota anterior, para o qual se toma a liberdade de remeter o leitor interessado no assunto. Além de revista, a passagem foi objeto de acréscimo, inclusive de notas.

10 A *isonomia* ora em ênfase não se vê prejudicada em virtude de ser aplicável às pretensões indenizatórias formuladas contra pessoas jurídicas de direito privado prestadoras de serviço público. Com efeito, pois, nada obstante se trate de entidades privadas, eventuais condenações que lhes sejam impostas a esse título, irão – ainda que indiretamente – de repercutir sobre a coletividade, beneficiária, ao fim e ao cabo, do serviço público colocado à sua disposição.

11 O fato de as condenações aproveitarem a membros da *coletividade* não justifica a diferenciação em prol do particular, haja vista que o proveito, por hipótese, auferível pelo autor da ação contra a Fazenda Pública não é motivo bastante

Ora, não há justificativa racional para que se confira tratamento mais favorável àquele que figure como réu em processo em que se pleiteia indenização, apenas pela sua condição de particular.

Assim, em proveito da isonomia, uma e outra pretensões deverão ser formuladas no prazo estatuído no Código Civil brasileiro vigente. Em suma, o fundamento para a equiparação reside, em última análise, no princípio constitucional da isonomia. Nessa perspectiva, é de todo irrelevante que o Decreto em tela contemple a abertura estatuída em seu art. 10. De fato, não se trata de afastar a regra (prescrição quinquenal) por força da exceção gizada, mas de interpretar a legislação infraconstitucional, em seu todo, à luz da CF/1988.

Muito menos se defende a obrigatória igualdade de prazo para o exercício de uma e outra pretensões.

Nem se nega, aqui, a autonomia científica do direito administrativo, a reclamar a existência de prazos diferenciados consideradas variáveis dignas de nota e que extrapolam o objeto de análise do texto. Insista-se que não se cuida de aplicar, por analogia, disposição do NCCB ao tema, até porque, ocioso dizer, há norma que prevê a incidência de prescrição quinquenal no âmbito de direito público. Ao contrário, sustenta-se que a isonomia, o mandamento primeiro da igualdade não tolera que se estabeleça prazo prescricional menor para o exercício de pretensão indenizatória, apenas porque no polo passivo o particular. Pouco importando, para chegar-se a essa conclusão, o enquadramento jurídico dado à norma prescricional em destaque (art. 206, § 3.º, V, do NCCB).

Para que não se deixem de refutar os demais fundamentos constantes do voto em apreço – também sob o prisma constitucional – pode afirmar-se a incidência da regra prescricional do NCCB à espécie de que se cuida no escrito.

Com efeito, eis que a concretização do mandamento maior da isonomia não deve ficar na dependência de concessão – expressa ou por qualquer outro modo – do legislador infraconstitucional. Da mesma maneira, não se pode admitir que esta ou aquela regra de hermenêutica sirva de obstáculo à concretude nos limites ora explicitados.

---

para dispensar-lhe, sob a ótica individual, tratamento benéfico, materializado em prazo prescricional mais dilatado para deduzir pretensão indenizatória.

5. UMA OBSERVAÇÃO PERIFÉRICA

Ainda que se trate de argumento periférico, merece registro a assertiva – constante de judiciosa passagem doutrinária citada no acórdão em exame – de que caso se admitisse a regência prescricional disposta no NCBB ter-se-ia de considerar que as demandas propostas pela Fazenda Pública para recebimento de seus créditos também se sujeitariam a mencionado prazo.

Ora, e sempre com o mais absoluto respeito, o máximo que se pode extrair da incidência da regra, dita geral, às demandas indenizatórias voltadas contra a Fazenda Pública é que esta, ou quem lhe faça as vezes, na condição de autora – em pleitos indenizatórios, fique claro – haverá, sim, de observar o comando inserto no art. 206, § 3.º, V, do NCBB.[12]

Em síntese, a partir da interpretação desenvolvida no comentário, já em seu término, deve, outrossim, a Fazenda Pública dispor de idêntico prazo – repita-se – para o exercício de pretensões dessa natureza.

Ressalvados, por certo, os casos para os quais se tenha encontrado solução diversa no sistema jurídico vigente, nos moldes do que ocorre, *v.g.*, quanto à ação indenizatória prevista no § 5.º do art. 37 da CF/1988, por intermédio da qual se deduz em juízo pretensão imprescritível, segundo consolidado entendimento do STF.[13]

Dito parágrafo, vale registrar, cuida (também) das ações cíveis propostas pelas pessoas jurídicas de direito público contra seus agentes, em razão dos atos ilícitos por estes praticados e se encontra assim

---

12 Até porque, vá a obviedade!, o Decreto em evidência cuidou das demandas em que Fazenda Pública figure como ré no processo.

13 A respeito, consultem-se RE 578.428-AgR, rel. Min. Ayres Britto, j. 13.09.2011, 2.ª T., *DJe* 14.112011, RE 693.991, rel. Min. Carmen Lúcia, decisão monocrática, j. 21.11.2012, *DJe* 28.11.2012 e AI 712.435-AgR, rel. Min. Rosa Weber, j. 13.3.2012, 1.ª T., *DJe*12.04.2012. Disponível em: <http://www.stf.jus.br/portal/constituicao/artigoBd.asp#visualizar>. Acesso em: 28.07.2013. Mais recentemente, vide decisão monocrática proferida no RE 701.639, rel. Min. Rosa Weber, j. 11.12.2012. *DJe* 01.02.2013. Disponível em: <http://www.stf.jus.br/portal/jurisprudencia/listarJurisprudencia.asp?s1=%28RE%24%2ESCLA%2E+E+701639%2ENUME%2E%29&base=basePresidencia&url=http://tinyurl.com/cqqt76t>. Acesso em: 28.07.2013. Destaca-se, contudo, que, em recentíssimo julgamento sob regime de repercussão geral (RE 669.069), o plenário do STF, por maioria de votos, estabeleceu que a ação de reparação de danos à Fazenda Pública decorrente de ilícito civil (leia-se: a respectiva pretensão) prescreve em 5 anos.

redigido: "§ 5.º – A lei estabelecerá os prazos de prescrição para ilícitos praticados por qualquer agente, servidor ou não, que causem prejuízos ao erário, ressalvadas as respectivas ações de ressarcimento."

6. UMA OBSERVAÇÃO NECESSÁRIA

A fim de afastar eventual preconceito sobre o tema prescrição, notadamente a envolver pretensões indenizatórias exercitáveis contra a Fazenda Pública em Estado que se autoproclama Democrático de Direito, uma última observação se impõe. Antes, e em complemento às considerações com as quais se introduziu o assunto, permito-me encerrar o escrito com passagem lançada na introdução de outro estudo, já citado ao longo destes comentários, no qual se enfatizou que:

> Não há dúvida de que o pluralismo reinante na sociedade democrática brasileira atual aponta para diferentes modos de compreensão dos mais diversos textos normativos. O que, aliado a outras variáveis, *v.g.* gratuidade de acesso à justiça, acaba por ensejar multiplicidade de demandas submetidas ao Poder Judiciário. Inferir daí que a solução de conflitos sempre ocorra no interior do processo equivale, entretanto, a visualizar apenas uma parcela do todo. Dentre outros motivos, porque o resultado não atenderá necessariamente às expectativas daquele que vem a juízo pleitear determinada providência. Muito menos, ficam excluídos a possibilidade de o pronunciamento jurisdicional desagradar a ambas as partes do processo ou que o fator tempo, no estruturar do procedimento, acarrete insatisfação maior que aquela que se buscou afastar pela via do Estado-Juiz. Não vai, aí, nenhuma crítica à nobre função de julgar em abstrato considerada. Apenas se enfatiza que a tarefa de administrar o serviço público de prestação de justiça se constitui em tarefa das mais complexas, a começar pela imprecisão semântica do termo justiça. Em suma, ao ser fulminada em juízo esta ou aquela pretensão de direito material pelo decurso de tempo, não se estará, impreterivelmente, provocando dissabor maior que o porventura ocasionado pela demora na tramitação do processo, ou oriundo das demais soluções judiciais porventura dadas ao conflito. Nessa perspectiva, a prescrição pode ser vista (também) como fator legítimo de estabilização das relações sociais.[14]

---

[14] SOARES, Leonardo Oliveira. *RePro* 195/138-139.

Em suma, o instituto jurídico de que se cuidou no texto se constitui apenas em um dos tantos modos de obter-se resposta para demandas de sociedade plural cuja complexidade alcança os conflitos não menos que as diferentes formas de solucioná-los.

7. PRESCRIÇÃO, SEGURANÇA JURÍDICA E O NCPC

Em perspectiva ampla, pode dizer-se que o tema central objeto de análise foi alvo de apreciação pelo STF no ARE 807.571.

Nada obsta, ao menos aos olhos do expositor, que se venha entender pela incidência de prescrição trienal na espécie.

Do contrário, não haveria motivo para a elaboração da primitiva versão, tampouco para a divulgação do texto ora atualizado.

A eventual mudança de entendimento, no ARE 807.751, ou noutro recurso que venha por hipótese versar o tema, deverá, entretanto, considerar a legítima expectativa que a decisão proferida no REsp1.251.993/PR desencadeara.

Ou seja, afigura-se salutar, quando nada, refletir, em situações do gênero, sobre o alcance de (hipotética) modificação de posicionamento. Notadamente em se tratando de situações consolidadas sob a égide da interpretação então predominante. Ainda, insista-se, que a nova alteração, no caso, seja oriunda do STF.

Aproveitável, no ponto, o disposto no art. 927, § § § 2.º, 3.º e 4.º, respectivamente, do NCPC, ora transcritos:

> § 2.º A alteração de tese jurídica adotada em enunciado de súmula ou em julgamento de casos repetitivos poderá ser precedida de audiências públicas e da participação de pessoas, órgãos ou entidades que possam contribuir para a rediscussão da tese.
>
> § 3.º Na hipótese de alteração de jurisprudência dominante do Supremo Tribunal Federal e dos tribunais superiores ou daquela oriunda de julgamento de casos repetitivos, pode haver modulação dos efeitos da alteração no interesse social e no da segurança jurídica.
>
> § 4.º A modificação de enunciado de súmula, de jurisprudência pacificada ou de tese adotada em julgamento de casos repetitivos observará a necessidade de fundamentação adequada e específica, considerando os princípios da segurança jurídica, da proteção da confiança e da isonomia.

8. UMA ÚLTIMA OBSERVAÇÃO

É de conhecimento de todos a insatisfação de parcela significativa da população brasileira com os rumos tomados no âmbito da Administração Pública Municipal, Estadual e Federal, respectivamente. As muitas e diversificadas manifestações de protesto que vêm ocorrendo, vá!, desde a última Copa das Confederações ilustram bem o que se acaba de dizer.

Diz-se isso com a finalidade de destacar que o incorreto, o indevido, o ilegal e imoral gerenciamento da *coisa pública* não tem o condão de tornar o *bem,* de titularidade de todos, como algo de somenos importância.

Sob essa óptica (ingênua, poderá ser dito), não parece desarrazoado sustentar a incidência de prescrição trienal – prevista no NCCB – às demandas indenizatórias propostas contra a Fazenda Pública. Com efeito, eis que, ao fim e ao cabo, sobre a coletividade, essa mesma, já de si tão desencantada, recairá o ônus (condenatório) eventualmente imposto na decisão judicial.

Agora, enfim, a conclusão.

9. CONCLUSÃO

Desde a entrada em vigor do NCCB, é de três anos o prazo para o exercício de pretensões indenizatórias, quer figure, quer não como ré a Fazenda Pública.

Idêntico raciocínio se aplica em relação às pretensões em apreço formuladas em processos nos quais figurem no polo passivo autarquias, entidades e órgãos paraestatais, criados por lei, e mantidos mediante impostos, taxas ou quaisquer contribuições, bem como pessoas jurídicas de direito privado, prestadoras de serviço público.

O fundamento para tanto: a regência isonômica de prazo prescricional, considerada a interpretação do sistema normativo em vigor no Brasil.

Com efeito, não há justificativa racional para que o válido acionar dos particulares submeta-se a prazo mais exíguo de que aquele a ser observado na hipótese de veicular-se pretensão indenizatória contra a Fazenda Pública ou quem lhe faça as vezes.

A equiparação defendida no texto – apoiada no ordenamento jurídico vigente – não leva, em absoluto, à apressada conclusão de que o prazo para deduzir em juízo *pleito indenizatório* deva necessariamente ser único, pouco importa quem figure como *parte* no processo.

A prescrição se caracteriza como meio jurídico de solucionar conflitos tanto quanto as demais formas previstas no sistema legal pátrio.

Eventual modificação de posicionamento em prol da prescrição trienal haverá de observar o princípio da segurança jurídica.

10. REFERÊNCIAS BIBLIOGRÁFICAS

BRASIL. Supremo Tribunal Federal. AI 712.435-AgR. Disponível em: <http://www.stf.jus.br/portal/constituicao/artigoBd.asp#visualizar>. Acesso em: 28.07.2013.

BRASIL. Supremo Tribunal Federal. RE 578.428-AgR. Disponível em: <http://www.stf.jus.br/portal/constituicao/artigoBd.asp#visualizar>. Acesso em: 28.07.2013.

BRASIL. Supremo Tribunal Federal. RE 693.991. Disponível em: <http://www.stf.jus.br/portal/constituicao/artigoBd.asp#visualizar>. Acesso em: 28.07.2013.

BRASIL. Supremo Tribunal Federal. RE 701.639. Disponível em: <http://www.stf.jus.br/portal/jurisprudencia/listarJurisprudencia.asp?s1=%28RE%24%2ESCLA%2E+E+701639%2ENUME%2E%29&base=basePresidencia&url=http://tinyurl.com/cqqt76t>. Acesso em: 28.07.2013.

CAVALIERI FILHO, Sérgio. *Programa de Responsabilidade Civil.* 6. ed. Malheiros Editores, 2006.

REsp 1.251.993/PR. *Revista de Processo.* vol. 220. São Paulo: Ed. RT, jun. 2013.

SOARES, Leonardo Oliveira. O prazo prescricional das ações (pretensões) indenizatórias propostas contra o Poder Público no Estado Democrático de Direito Brasileiro. *Revista de Processo.* vol. 195. São Paulo: Ed. RT, maio 2011.

SOARES, Leonardo Oliveira. Solidariedade e judicialização da Saúde. *PRIMEIROS ESCRITOS DE DIREITO PROCESSUAL: faz escuro mas eu canto.* Belo Horizonte: Del Rey, 2013.

Capítulo XI

APÊNDICE

DISTINÇÃO DE PRAZOS NO NCPC: DESRESPEITO ALHEIO AO PRINCÍPIO CONSTITUCIONAL DA ISONOMIA?[1]

Segundo o CPC Buzaid (art. 188), o Poder Público goza de prazo em quádruplo para contestar e em dobro para recorrer Previsão, diga-se de passagem, que alcança o Ministério Público.

Estará a norma de acordo com o princípio constitucional da isonomia (art. 5.º, *caput*, da CF/1988)? A resposta para tanto será precedida de outros dois questionamentos. Ei-los. A particularidade em evidência viola o mandamento da igualdade e, pois, deve ser considerada, de modo absoluto, como incompatível com o devido processo legal? Caso não se trate de necessária inconstitucionalidade, há argumento racional legitimador de cogitada diversidade?

Quanto ao primeiro questionamento, não é preciso muito esforço para encontrar situações similares que recebem tratamento distinto em nosso cotidiano. Aqui, o pai oferece a um dos filhos algo que não será dado ao outro. Ali, o professor, no meio de exposição, permite a aluno dedicado interrompê-lo para formular perguntas que jamais seriam respondidas, caso viessem de aluno pouco frequente. Ora, se assim é, no mundo da vida, sendo irrelevante, neste momento, valorar tais distinções, não se pode – senão ingenuamente – supor que o conjunto de regras e princípios disciplinadores da atividade estatal de dizer o direito haveria de permanecer imune à marca registrada de seu criador. Afinal, vá a obviedade, o direito é criação humana! Talvez a

[1] Publicado originalmente no Caderno *Direito & Justiça* do Jornal *Estado de Minas*, edição de 03.02.2014, com o título Distinção de prazos no Código de Processo Civil. Texto revisto e atualizado.

mais eloquente manifestação da isonomia resida na constatação de que somos únicos. Em suma, diferentes. No âmbito do direito material, pense-se, por exemplo, na regra que estabelece idade diferenciada para concessão de aposentadoria a homens e mulheres titulares de cargos públicos (art. 40, § 1.º, I e II, da CF/1988).

Do que se acaba de dizer não se extrai que o presente dispositivo do CPC tenha sido, necessariamente, recepcionado pela Lei Maior. Segue, assim, a resposta à segunda indagação. Ora, a Fazenda Pública zela – deve zelar – pelos interesses jurídicos da coletividade (será mesmo?). Em vista disso, sobre esta recairão, no fim das contas, os efeitos das condenações judiciais de toda sorte impostas à Fazenda Pública. Na lição de eminente jurista que presidiu a comissão encarregada de elaborar o PLS 166/2010:

> A finalidade da norma excepcional é a proteção do interesse público; por isso a Fazenda diferentemente do particular, vela em juízo por objetos litigiosos difusos, tornando evidente que "a prerrogativa não ofende o princípio isonômico encartado na Constituição Federal" (aspas no original).[2]

Há, pois, fundamento não discriminatório, autorizador da diferenciação de prazos. Sob essa óptica, o art. 188 do CPC se apresenta compatível com a garantia devido processo legal, disposta no art. 5.º, LIV, da CF/88.

Pois bem. O NCPC estatui que a Fazenda Pública gozará de prazo em dobro para todas as suas manifestações no processo (art. 183 da Lei 13.105/2015).

A partir das justificativas apresentadas acima, afirma-se que o dispositivo em vigor assim também o enfim aprovado não violam o mandamento maior da igualdade.

De outro lado, e independentemente de aceitar-se a conclusão em tela, não se pode negar, caro leitor, que contribuição muito mais expressiva ao propósito da isonomia encontra-se à mão, qual seja, buscar inserir ou quiçá fazer aumentar as práticas igualitárias – por outras palavras: não discriminatórias – em nossas relações interpessoais.

Bem mais conveniente (ai de nós!) é, contudo, voltar os olhos para os *hipotéticos* desacertos alheios, no caso, do legislador brasileiro.

---

[2] FUX, Luiz. *Curso de Direito Processual Civil*. 4. ed. Rio de Janeiro: Forense, 2008. vol. I, p. 337.

NOVO CÓDIGO DE PROCESSO CIVIL PARA O BRASIL: E DAÍ?[3]

Em 16 de março de 2015, foi sancionado o novo Código de Processo Civil (NCPC) para o Brasil. Linhas gerais, pode dizer-se que aludido Código contém as normas de funcionamento da justiça, estabelecendo, por exemplo, a que juiz devo me dirigir, qual o prazo para apresentação de defesa, que audiências serão designadas, quais os recursos cabíveis no processo, dentre outras disposições. Enfim, aprovou-se Código que cuidará, por assim dizer, das regras do jogo, em se tratando da justiça brasileira.

A respeito, façamos pequena abstração para, ao invés do processo judicial, considerar o jogo futebol. Mais precisamente a Copa do Mundo. Por motivos óbvios, deixemos de lado a de 2014. Pensemos, então, na Copa de 86. Aquela em que a Argentina sagrou-se campeã, após desclassificar a seleção inglesa com um gol de mão. Um gol feito pelas mãos de Deus, segundo Diego Maradona. Suponhamos que, antes daquela copa, tivesse sido alterada uma das regras de arbitragem até hoje em vigor para, com isso, permitir ao juiz, em casos duvidosos, consultar sistema de imagem, ainda durante a própria partida. Certamente o gol, ilegal, não se discute, teria sido anulado e, talvez, a Argentina não se sagrasse campeã mundial. Pergunto-lhes, caros leitores: teria sido boa essa alteração? Para os ingleses e, por que não dizer, para nós, brasileiros, a resposta positiva seria imediata. Já para os argentinos...

Deixemos de lado, contudo, atividades disciplinadas pelo homem e tenhamos em conta evento da natureza. Todos os que agora me acompanham, operadores do direito ou não, têm ciência de que

---

[3] Artigo publicado no caderno *Direito & Justiça* do jornal *Estado de Minas*, edição de 17 de abril de 2015, com o título Novo Código de Processo Civil para o Brasil. Texto revisto.

vivemos época de escassez de água. Nesse contexto, imaginemos mudança climática a produzir considerável quantidade de chuva durante longo período. Será digna de elogio tal alteração? Para grande parte das pessoas, sim, em vista da ampliação do volume dos reservatórios que abastecem a coletividade. Já para aqueles que venham a perder parentes, ou mesmo seus bens em função das chuvas, creio que a resposta caminhará noutra direção.

Essas duas ilustrações me permitem extrair conclusão de ordem geral, a saber, as mudanças de regras criadas pelo homem ou mesmo alterações de ordem natural não apontam necessariamente para uma exclusiva direção.

Daí, conclui-se que o conjunto de normas que acaba de ser sancionado comportará um juízo positivo ou negativo, conforme o referencial do observador. Ou, para ser mais claro, será decisivo para uma tomada de posição sobre as novas regras formais o referencial a partir do qual o funcionamento da justiça seja examinado.

De uma coisa, entretanto, estou certo: o NCPC servirá a propósitos éticos na exata medida em que para tanto os operadores do direito direcionem suas ações.

Também pudera, eis que a crise ética vivenciada no campo político não se constitui, como ingenuamente se poderia supor, numa exclusividade da classe política. Por outras palavras, e no final das contas, serão os operadores do direito, todos eles, que, no exercício de suas profissões, irão conferir cotidianamente sentido aos novos comandos processuais.

Dito isso, permito-me encerrar o escrito com a seguinte ponderação: desde quando se suponha melhor organizado o funcionamento da justiça, mais e mais pessoas haverão (será mesmo?) de se dirigir ao Poder Judiciário. Tal procura, a sua vez, acabará por aumentar o acervo de processos, a desencadear excesso de serviço e demora na resposta dos conflitos levados à apreciação do Judiciário.

Bem por isso, em tempos de significativa mudança legislativa, a correlata e legítima expectativa de melhoria não invalida, ai de nós!, a conhecida e sábia advertência popular, segundo a qual "se correr o bicho pega, se ficar o bicho come."

AFINAL, QUAL SERÁ A REGRA DO JOGO?[4]

A indagação que dá título ao escrito volta-se para o futuro funcionamento do serviço público de distribuição de justiça nacional. Isso porque, como é de conhecimento da comunidade jurídica, em 17 de março de 2015, foi publicada a Lei 13.105/15, por intermédio da qual foi criado o novo Código de Processo Civil brasileiro, doravante NCPC.

No art. 1.045 de referido código, previu-se *vacatio legis* de um ano após a respectiva publicação. Dessa maneira, a partir de 18 de março de 2016,[5] novo diploma normativo irá reger a jurisdição brasileira, haja vista o disposto no art. 8º, § 1º, da Lei Complementar 95, segundo o qual: "A contagem do prazo para entrada em vigor das leis que estabeleçam período de vacância far-se-á com a inclusão da data da publicação e do último dia do prazo, entrando em vigor no dia subsequente à sua consumação integral".

A demarcação se justifica, pois o direito processual pátrio adota a teoria do isolamento dos atos processuais. Ou seja, as condutas – das partes, do juiz e, a rigor, de terceiros – no curso do procedimento seguem, ou devem seguir, a norma vigente ao tempo da prática do ato pertinente (art. 1.211 do CPC/73, correspondente ao art. 14 do NCPC). Ou melhor, tais condutas são regidas pela lei processual em vigor no momento em que surge o direito de praticar-se o ato

---

4 Artigo publicado no caderno Direito & Justiça do jornal Estado de Minas, edição de 4 de setembro de 2015. Texto acrescido de nota explicativa.

5 Conforme já destacado em notas anteriores, para chegar-se a essa conclusão, consideraram-se o prazo de 12 meses e a data de publicação da Lei 13105, no caso, 17 de março de 2015. Vale frisar, o período de *vacatio legis*, **demarcado em Lei**, não foi computado em dias. Dessa maneira, e salvo melhor juízo, a entrada em vigor ocorrerá no primeiro dia útil subsequente, a saber, 18 de março de 2016.

apropriado da cadeia procedimental. Sirva de exemplo o direito de recorrer de decisão desfavorável no processo.

Assim, todas as demandas judiciais que, em 18 de março de 2016, estiverem em tramitação no país, e, atentando-se para os números atuais, pode dizer-se, com segurança, que não serão poucas, irão experimentar (conforme art. 1.046 do NCPC), em alguma medida, a incidência dos novos comandos formais.

A fim de impedir discussões e controvérsias paralelas sobre quais regras do "jogo" deverão, em breve, ser observadas, apresenta-se de todo apropriado delimitar o alcance da incidência ora pontuada.

Notadamente, se se admitir que, com a criação de um NCPC, pretendeu-se oferecer (será mesmo?) mecanismos mais ágeis e eficientes para solucionar os tantos conflitos que eclodem – por uma série de fatores impossível de exame neste artigo – em sociedade a cada dia mais complexa, na qual expressiva parcela da população se encontra (até quando?) carente de toda sorte de direitos.

Ilustra-se o que se acaba de dizer com indagações passíveis de serem suscitadas, consideradas algumas das inovações presentes na Lei 13.105/15:

a) uma vez que o NCPC, diferentemente do CPC/73, prevê, em seu art. 219, a contagem de prazo em dias úteis, de que forma deverá ser computado o lapso temporal restante para apresentação de recurso cujo início de fluência venha a ocorrer antes de 18 de março de 2016?

b) as decisões interlocutórias de que as partes sejam intimadas em momento anterior à vigência do NCPC irão desafiar agravo, na forma retida ou por instrumento, consoante art. 522 do CPC/73, ainda que o recurso seja apresentado após cogitada vigência?

c) as apelações interpostas antes da entrada em vigor do NCPC poderão, conforme o resultado do posterior julgamento, dar ensejo à aplicação da sucumbência recursal? Ou, por outras palavras, o instituto da sucumbência recursal, disciplinado, entre outros dispositivos, no art. 85, §11, do NCPC, alcançará, por hipótese, somente as apelações de sentenças de que as partes tenham sido intimadas a partir de 18 de março de 2016?

d) o juízo de admissibilidade dos recursos especial e extraordinário interpostos em data anterior à vigência do NCPC permanecerá a cargo dos tribunais locais, conforme art. 542, §1º, do CPC/73, ou haverá de ser realizado pelas Cortes Superiores, segundo dispõe o art. 1.030, parágrafo único, do NCPC?[6]

Em suma, o êxito de qualquer atividade, aí, por certo, incluída a jurisdicional, reclama prévio estabelecimento de balizas para o agir de quantos se encontrem autorizados a desempenhá-la.

No particular, crê-se que aludida afirmação merece redobrada atenção por parte dos operadores do direito.

Dois motivos centrais levam a essa crença. De um lado, o caráter bilateral do processo, de que o direito à democrática participação em contraditório para a legitimidade das decisões jurisdicionais se constitui em pressuposto inafastável. De outro, as necessárias escolhas éticas esperadas de mencionados operadores.

Afinal, e vá a obviedade!, não se logrará, como ingenuamente se poderia supor, a melhoria do serviço público de distribuição de justiça brasileiro tão só em virtude da criação de um diferente (melhor?) conjunto de regras processuais.

---

6 Caso reste sancionado o PLC 168/2015, aprovado em definitivo em dezembro último pelo Senado Federal, a indagação em apreço deixará de fazer sentido, dado que cogitado Projeto de Lei retorna o juízo de admissibilidade em pauta aos Tribunais locais. Dito PLC foi convertido na Lei 13.256, publicada no Diário Oficial da União em 05 de fevereiro de 2016.

AVALIAÇÃO JUDICIAL DE CONDUTAS DE AGENTES PÚBLICOS NO BRASIL[7]

No Estado Democrático de Direito brasileiro (art. 1.º da CF/1988), a atuação dos agentes públicos segundo a lei, ou melhor, conforme as regras e princípios democráticos em vigor, apresenta-se como pressuposto de legitimidade de suas respectivas condutas. Desnecessário dizer que aludida premissa deve ser observada, de igual modo, no desempenho das três funções (Legislativa, Executiva e Judiciária) previstas no art. 2.º da Lei Maior pátria.

Daí eventual não atendimento ao arcabouço normativo acima gizado autorizar a utilização do mandado de segurança. Por certo, desde que atendidos requisitos próprios, dentre os quais, em se tratando de ato judicial, inexistir recurso da decisão.[8]

É fato, porém, que o impetrante nem sempre obterá o reconhecimento da ilegalidade. Isso porque o direito de exigir do Estado proteção judicial alcança o autor que tem razão tanto quanto aquele que não a tem. Conclusão, a rigor, que nada traz de particular, eis que,

---

7 Publicado originalmente na *Revista Síntese direito Civil e Processual Civil*. n. 98, nov./dez./2015, Texto revisto. Para análise mais aprofundada do tema, vide SOARES, Leonardo Oliveira. Isonomia em mandado de segurança: afirmação do princípio constitucional da separação de poderes no Brasil? *RePro* 219. São Paulo: Ed RT, maio 2013.

8 Sem prejuízo de outros requisitos, o cabimento da ação mandamental pressupõe a existência de decisão jurisdicional irrecorrível, eis que a ausência de pronunciamento desafiará correição parcial. Nesse sentido, vide SOUZA, Bernardo Pimentel. *Introdução aos Recursos Cíveis e à Ação rescisória*. 10. ed. São Paulo: Saraiva, 2014, p. 944. Em citada página, nota de rodapé n. 5, o credenciado autor menciona precedente do STJ (RMS 15.856/RJ), no qual se rechaçou o emprego de mandado de segurança, em virtude de a correição se apresentar como o meio adequado para combater a omissão supostamente ilegal de decisão no curso do processo.

vá a obviedade!, por medida de justiça, o pai não menos que a mãe deve, primeiro, ouvir cada um dos filhos envolvidos na querela para, ao final, proferir seu veredicto, que bem poderá ser contrário ao filho queixoso.

Retome-se a exposição. Se é ponto incontroverso que os agentes públicos devem obediência à normatividade democrática, pode dizer-se que acertou o Legislador Constituinte ao não estabelecer diferenciação ao propósito do controle de ilegalidades. Por oportuno, confira-se a redação do dispositivo legal (art. 5.º, LXIX, da CF/1988):

> Conceder-se-á mandado de Segurança para proteger direito líquido e certo, não amparado por habeas corpus ou habeas data, quando o responsável pela ilegalidade ou abuso de poder for autoridade pública ou agente de pessoa jurídica no exercício de atribuições do Poder Público

Diz-se isso, pois prevalece o respeitável entendimento jurisprudencial,[9] segundo o qual somente atos jurisdicionais teratológicos desafiam mandado de segurança. Ou seja, apenas atos judiciais rotulados de manifestamente ilegais podem ser combatidos pela via do remédio constitucional em apreço.

Sob a óptica da Magna Carta vigente, indaga-se: será aceitável essa diferenciação? Ora, da simples leitura do comando maior que trata do mandado de segurança chega-se, sem sombra de dúvida, à resposta negativa.

Acresça-se, porém, outro fundamento de ordem, digamos, sistêmica. Ei-lo. Sabe-se que o princípio maior da separação de funções visa a propiciar a melhor organização possível do todo, no caso, do Estado brasileiro.

Dessa maneira, o equilibrado desempenho das competências constitucionais reservadas a cada uma das respectivas funções contribui, em tese, para a permanente construção de aludido Estado.

Tal equilíbrio, contudo, vê-se de todo comprometido se o idêntico parâmetro de agir – atuar segundo a lei – vier a receber valoração

---

9 No STJ, confiram-se RMS 34.181/SP, e AgRg no MS 17.525/DF. No TJMG, vejam-se MS 1.0000.12.061118-1/000, e AgRg-Cv 1.0000.12.076103-6/001.

diversa no plano jurisdicional, segundo se trate do atuar do legislador, do administrador, ou do julgador, respectivamente.

Em suma, não há ilegalidades mais ou menos relevantes, quando o que se busca é inibir desvios capazes de prejudicar, ainda que indiretamente, a coletividade, a qual, no fim das contas, pode – e um dia, oxalá, assim será vista! – ser considerada como a destinatária primeira da integrada atuação dos agentes públicos.

Por isso, afirma-se, com o mais absoluto respeito, que o cabimento do mandado de segurança independe do agente público a quem se impute o ato e da gravidade, em abstrato, da conduta combatida.

E para quem suponha que se trate o texto de mera especulação teórica, basta pensar que o indesejado funcionamento de uma das peças do motor de uma *Van* escolar pode colocar em risco a vida das crianças ali transportadas. O que dizer então da ruptura de equilíbrio, a envolver as três nobilíssimas funções estatais, por intermédio de que devem ser concretizadas as tantas, relevantes e cada vez mais complexas tarefas constitucionais a cargo do Estado brasileiro?

Impresso em março de 2016